新时代上海"人民城市"建设的探索与实践丛书

着力解决好新市民、青年人的住房问题

保障性租赁住房卷

Focusing on Solving the Housing Problems of New Citizens and Young People

The Volume of Affordable Rental Housing

上海市住房和城乡建设管理委员会
上海市房屋管理局　　　　　编著

中国建筑工业出版社

让新市民、青年人宜居安居

租得到、租得近、租得起、租得稳、租得好

丛书编委会

主　　任： 张小宏　上海市人民政府副市长
　　　　　　秦海翔　住房和城乡建设部副部长
常务副主任： 王为人　上海市人民政府副秘书长
副 主 任： 杨保军　住房和城乡建设部总经济师
　　　　　　苏蕴山　住房和城乡建设部建筑节能与科技司司长
　　　　　　胡广杰　中共上海市城乡建设和交通工作委员会书记、
　　　　　　　　　　上海市住房和城乡建设管理委员会主任
委　　员： 李晓龙　住房和城乡建设部办公厅主任
　　　　　　曹金彪　住房和城乡建设部住房保障司司长
　　　　　　姚天玮　住房和城乡建设部标准定额司司长
　　　　　　曾宪新　住房和城乡建设部建筑市场监管司司长
　　　　　　胡子健　住房和城乡建设部城市建设司司长
　　　　　　王瑞春　住房和城乡建设部城市管理监督局局长
　　　　　　宋友春　住房和城乡建设部计划财务与外事司司长
　　　　　　牛璋彬　住房和城乡建设部村镇建设司司长
　　　　　　张玉鑫　上海市规划和自然资源局党组书记、局长
　　　　　　于福林　上海市交通委员会党组书记、主任
　　　　　　史家明　上海市水务局（上海市海洋局）党组书记、局长
　　　　　　邓建平　上海市绿化和市容管理局（上海市林业局）党组书记、
　　　　　　　　　　局长
　　　　　　王　桢　上海市住房和城乡建设管理委员会副主任，
　　　　　　　　　　上海市房屋管理局党组书记、局长
　　　　　　徐志虎　上海市城市管理行政执法局党组书记、局长
　　　　　　张玉学　上海市公安局交通警察总队党委书记、总队长
　　　　　　咸大庆　中国建筑出版传媒有限公司总经理

丛书编委会办公室

主　　任： 胡广杰　中共上海市城乡建设和交通工作委员会书记、
　　　　　　　　　　上海市住房和城乡建设管理委员会主任
副 主 任： 金　晨　上海市住房和城乡建设管理委员会副主任
成　　员： 徐存福　杨　睿　鲁　超　韩金峰　杨俊琴　庄敏捷
　　　　　　张则乐　赵　雁　刘懿孟　赵　勋

本卷编写组

主　编：王　桢　上海市住房和城乡建设管理委员会副主任，
　　　　　　　　　上海市房屋管理局党组书记、局长
副主编：张　冰　上海市房屋管理局副局长
　　　　　张立新　上海市房屋管理局副局长
撰　稿：赵　雁　冯钢花　陈涧波　胡迎胜　张　彬　王永刚
　　　　　姚文江　冯　樾　俞文静　程　坚　张　贝　董奇凡
　　　　　陈　萍　崔光灿　王诤诤

丛书前言

上海是中国共产党的诞生地，是中国共产党的初心始发地。秉承这一荣光，在党中央的坚强领导下，依靠全市人民的不懈奋斗，今天的上海是中国最大的经济中心城市，是中国融入世界、世界观察中国的重要窗口，是物阜民丰、流光溢彩的东方明珠。

党的十八大以来，以习近平同志为核心的党中央对上海工作高度重视、寄予厚望，对上海的城市建设、城市发展、城市治理提出了一系列新要求。特别是2019年习近平总书记考察上海期间，提出了"人民城市人民建，人民城市为人民"的重要理念，深刻回答了城市建设发展依靠谁、为了谁的根本问题，深刻回答了建设什么样的城市、怎样建设城市的重大命题，为我们深入推进人民城市建设提供了根本遵循。

我们牢记习近平总书记的嘱托，更加自觉地把"人民城市人民建，人民城市为人民"重要理念贯彻落实到上海城市发展全过程和城市工作各方面，紧紧围绕为人民谋幸福、让生活更美好的鲜明主题，切实将人民城市建设的工作要求转化为紧紧依靠人民、不断造福人民、牢牢植根人民的务实行动。我们编制发布了关于深入贯彻落实"人民城市人民建，人民城市为人民"重要理念的实施意见和实施方案，与住房和城乡建设部签署了《共建超大城市精细化建设和治理中国典范合作框架协议》，全力推动人民城市建设。

我们牢牢把握人民城市的战略使命，加快推动高质量发展。国际经济、金融、贸易、航运中心基本建成，具有全球影响力的科技创新中心形成基本框架，以五个新城建设为发力点的城市空间格局正在形成。

我们牢牢把握人民城市的根本属性，加快创造高品质生活。"一江一河"生活秀带贯通开放，"老小旧远"等民生难题有效破解，大气和水等生态环境质量持续改善，在城市有机更新中城市文脉得到延续，城市精神和城市品格不断彰显。

我们牢牢把握人民城市的本质规律，加快实现高效能治理。政务服务"一网通办"和城市运行"一网统管"从无到有、构建运行，基层社会治理体系不断完善，垃圾分类引领低碳生活新时尚，像绣花一样的城市精细化管理水平不断提升。

我们希望，通过组织编写《新时代上海"人民城市"建设的探索与实践丛书》，总结上海人民城市建设的实践成果，提炼上海人民城市发展的经验启示，展示上海人民城市治理的丰富内涵，彰显中国城市的人民性、治理的有效性、制度的优越性。

站在新征程的起点上，上海正向建设具有世界影响力的社会主义现代化国际大都市和充分体现中国特色、时代特征、上海特点的"人民城市"的目标大踏步地迈进。展望未来，我们坚信"人人都有人生出彩机会、人人都能有序参与治理、人人都能享有品质生活、人人都能切实感受温度、人人都能拥有归属认同"的美好愿景，一定会成为上海这座城市的生动图景。

Series Preface

Shanghai is the birthplace of the Communist Party of China, and it nurtured the party's initial aspirations and intentions. Under the strong leadership of the Party Central Committee, and relying on the unremitting efforts of its residents, Shanghai has since blossomed into a city that is befitting of this honour. Today, it is the country's largest economic hub and an important window through which the rest of the world can observe China. It is a brilliant pearl of the Orient, as well as a place of abundance and wonder.

Since the 18th National Congress of the Communist Party of China, the Party Central Committee with General Secretary Xi Jinping at its helm has attached great importance to and placed high hopes on Shanghai's evolution, putting forward a series of new requirements for Shanghai's urban construction, development and governance. In particular, during his visit to Shanghai in 2019, General Secretary Xi Jinping put forward the important concept of "people's cities, which are built by the people, for the people". He gave profound responses to the questions of for whom cities are developed, upon whom their development depends, what kind of cities we seek to build and how we should approach their construction. In doing so, he provided a fundamental reference upon which we can base the construction of people's cities.

Keeping firmly in mind the mission given to us by General Secretary Xi Jinping, we have made more conscious efforts to implement the important concept of "people's cities" into all aspects of Shanghai's urban development. Adhering to a central theme of improving the people's happiness and livelihood, we have conscientiously sought ways to transform the requirements of people's city-building into concrete actions that closely rely on the people, that continue to benefit the people, and which provide the people with a deeply entrenched sense of belonging. We have compiled and released opinions and plans for the in-depth implementation of the important concept of "people's cities", as well as signing the *Model Cooperation Framework Agreement for the Refined Construction and Government of Mega-Cities in China* with the Ministry of Housing and Urban-Rural Development.

We have firmly grasped the strategic mission of the people's city in order to accelerate the promotion of high-quality urban development. We have essentially completed the construction of a global economy, finance, trade and shipping centre, as well as laying down the fundamental framework for a hub of technological innovation with global influence. Meanwhile, an urban spatial layout bolstered by the construction of five new towns is currently taking shape.

We have firmly grasped the fundamental attributes of the people's city in order to accelerate the creation of high standards of living for urban residents. The "One River and One Creek" lifestyle show belt has been connected and opened up, while problems relating to the people's livelihood (such as outdated, small, rundown or distant public spaces) have been effectively resolved. Aspects of the environment such as air and water quality have continued to improve. At the same time, the heritage of the city has been incorporated into its organic renewal, allowing its spirit and character to shine through.

We have firmly grasped the essential laws of the people's city in order to accelerate the realization of highly efficient governance. Two unified networks – one for applying for government services and the other for managing urban functions – have been built from sketch and put into operation. Meanwhile, grassroots social governance has been continuously improved, garbage classification has been updated to reflect the trend of low-carbon living, while micro-scale urban management has become increasingly precise, like embroidery.

Through the compilation of the *Exploration and Practices in the Construction of Shanghai as a "People's City" in the New Era series*, we hope to summarize the accomplishments of urban construction, derive valuable lessons in urban development, and showcase the rich connotations of urban governance in the people's city of Shanghai. In doing so, we also wish to reflect the popular spirit, effective governance and superior institutions of Chinese cities.

At the starting point of a new journey, Shanghai is already making great strides towards becoming a socialist international metropolis with global influence, as well as a "people's city" that fully embodies Chinese characteristics, the nature of the times, and its own unique heritage. As we look toward to the future, we firmly believe in our vision where "everyone has the opportunity to achieve their potential, everyone can participate in governance in an orderly manner, everyone can enjoy a high quality of life, everyone can truly feel the warmth of the city, and everyone can develop a sense of belonging". This is bound to become the reality of the city of Shanghai.

本卷前言

2023年4月习近平总书记在《求是》杂志发表的《当前经济工作的几个重大问题》中强调"解决好新市民、青年人等住房问题，鼓励地方政府和金融机构加大保障性租赁住房供给"。如今，上海正在积极建设青年发展型城市，用心打造青年为之向往、皆有可为的希望之城。为青年提供更多机会、更大舞台、更好服务，帮助解决好青年人成长成才、就业创业、安身安居等急难愁盼问题。2023年4月上海市委书记陈吉宁在共青团上海市第十六次代表大会开幕会上提出"青年们来到一座城、喜欢一座城、扎根一座城，归根到底是因为这里能够追逐梦想，拥有无限可能"。上海正吸引着无数心怀理想的青年人到此奋斗打拼，并使他们拥有了上海"新市民"的身份。

近年，保障性租赁住房成为解决大城市新市民和青年人的住房问题的重要手段。2021年6月，国务院办公厅颁布了《关于加快发展保障性租赁住房的意见》。重点从政策支持的角度在土地、税收、金融、公共事业费、公共服务等各方面都进行了相关规定。

2023年11月，习近平总书记在上海闵行区考察保障性租赁住房的重要品种新时代城市建设者管理者之家，强调城市不仅要有高度，更要有温度，要践行人民城市理念，不断满足人民群众对住房的多样化、多元化需求，确保外来人口进得来、留得下、住得安、能成业。

上海从2009年就开始探索解决新市民住房问题的政策。经过多年实践，按保障性租赁住房发展的基本目标要求，上海逐步形成多元化、多主体的保障性租赁住房供应体系和实践模式，有效满足了新市民和青年人的住房需求，探索出保障性租赁住房的发展路径。

一是明确发展目标。"十四五"期间，全市计划新增建设筹措保障性租赁住房 47 万套（间）以上，达到同期新增住房供应总量的 40% 以上；到"十四五"末，全市将累计建设筹措保障性租赁住房 60 万套（间）以上。

二是健全政策体系。上海市政府出台的《关于加快发展本市保障性租赁住房的实施意见》，明确了上海市发展保障性租赁住房的基础制度和支持政策，在此基础上形成体系化的配套细则。配套细则的内容覆盖项目认定、租赁管理、规划土地管理、非居住存量房屋改建、产业园区配套建设、水电气价格优惠、基础设施配套费减免、租金评估等，为上海保障性租赁住房规范有序发展提供了制度支撑和保障。

三是制定设计标准。以"小户型、全功能、悦生活"为理念，积极探索优化保障性租赁住房设计，完成保障性租赁住房新建、改建设计地方标准编制工作。

四是政企合作共同治理。政府在土地供应优惠、税费减免、公共事业收费、公积金抵租金、金融信贷政策等方面给予保障性租赁住房建设运营一定的优惠。同时国有房地产企业主动承担了引领性的保障性租赁住房建设、供应和运营责任，使保障性租赁住房得到快速发展。很多保障性租赁住房项目在后期运营管理中，还探索出街道、居委、物业等共同治理的模式，租户参与的租赁社区的共治共建管理模式，保障了社区的健康运行，增强了社区活力。

五是增量新建租赁住房为主体。由于大城市住房供应总体比较紧张，上海在发展保障性租赁住房过程中，重点通过新增建设方式加大供应。上海的保障性租赁住房以新增为主，更有效地平衡了租赁住房的供求关系，更有利于保障新市民、青年人的租赁居住需求，更有利于保障性租赁住房供应的稳定性和长期性。

六是形成分层供应体系。从"一套房"到"一间房""一张床"，形成可以满足不同需求的体系化保障性租赁住房。既有全龄化适合所有年龄阶段、家庭结构的租赁住房社区，也有配套媲美高档商品房的社区，更有在产业园区促进职住平衡的宿舍。很多新建租赁住房社区重点布局在轨道交通站点附近，同时在中心城区也有专门面向城市建设者的"一张床"宿舍公寓，以及 15 分钟社区生活圈内的青年公寓，全方位多层次地满足了不同的租住需求。

七是探索精准的供需对接机制。上海将保障性租赁住房供应分配机制的优化作为重要的政策抓手，力图针对性解决公共服务部门人员租房难、产业园区及企事业单位青年职工租住难、刚毕业入职的新上海人租房难等问题。市区各级政府在扩大房源筹措总量的同时，也不断探索优化方案，寻求更有效的供需对接路径，努力引导房源定向、精准供应到重点保障对象。如增加了面向环卫等重点公共服务人员的床位宿舍型保障性租赁住房供应，建立了单位包租定向供应机制，促进保障性租赁住房"职住平衡"。供应项目的配租规则中，将配租分为集中配租和常态化配租两个阶段，在集中配租阶段，优先保障无房且符合其他准入条件的对象。

未来，保障性租赁住房将成为上海租赁住房供应中的重要部分，持续为新市民、青年人提供"租得到、租得近、租得起、租得稳、租得好"的住房，成为他们在上海成长、安居的重要支撑。

本书围绕上海保障性租赁住房制度形成、发展机制和实践案例三个方面展开，力图清晰完整地展现上海的保障性租赁住房的发展特色和探索过程。其中，第一章主要介绍上海保障性租赁住房既是住房租赁体系发展探索的必然结果，也是对过去各类支持新市民、青年人的租赁住房政策的系统性提升，更是未来租赁住房体系发展的引领方向，将形成持续的发展态势。第二章主要介绍上海保障性租赁住房发展规划的高标准规划编制情况，包括规划制定的原则、愿景、具体内容等，保障性租赁住房规划不是概念规划，而是实施规划、推动项目落地的规划，起到指导和推动"十四五"及长期保障性租赁住房发展的作用。第三章介绍上海保障性租赁住房高品质建设，上海保障性租赁住房通过政企联动，高品质设计、高品质建设，形成新建、改建多种供应模式，形成了较多有代表性的项目。第四章介绍上海保障性租赁住房的高效能管理，主要包括完善的政策体系、有效的供需匹配等。第五章介绍高水平服务，包括保障性租赁住房服务平台、社区治理服务等。

本书由上海市住房和城乡建设管理委员会、上海市房屋管理局组织编写，上海市规划和自然资源局、上海市经济信息委员会等管理部门共同参与，相关保障性租赁住房建设和运营单位大力配合，提供了素材和案例，上海师范大学房地产与城市发展研究中心承担了具体的编写工作。

上海是新市民、青年人的重要集聚地之一，就业安居首选地之一，服务好新市民、青年人，加大保障性租赁住房建设筹措供应力度，推动保障性租赁住房事业行稳致远。

Preface

"Solving housing problems for new citizens and young people, encouraging local governments and financial institutions to increase the supply of affordable rental housing", General Secretary Xi Jinping emphasized in the magazine *Honest* April 2023,on the topic of *Several Major Issues in Current Economic Work*. Currently, Shanghai is actively building a youth development oriented city, and carefully forging a city of hope that young people aspire to and have a future. Provide more opportunities, bigger stages and better services for young people, and help solving the urgent and difficult expectations of young people such as growing into talents, employment and entrepreneurship, settling down and housing. In April 2023, Chen Jining, secretary of Shanghai Municipal Party Committee, said at the opening of the 16th Shanghai Congress of the Communist Youth League, that "young people come to a city, love a city, and root in a city, finally because they can chase their dreams and have unlimited possibilities". Shanghai is attracting a large number of young people with ideals to come here to work hard and have the identity of Shanghai's "new citizens".

In recent years, affordable rental housing has become an important means to solve the housing problems of new citizens and young people in large cities. In June 2021, the General Office of the State Council issued *the Opinions on Accelerating the Development of Affordable Rental Housing*. From the perspective of policy support, relevant provisions have been made in various aspects such as land, taxation, finance, public utility fees, and public services.

Since 2009, Shanghai has been exploring policies to solve the housing problems of new citizens. After years of practice, according to the basic goals and requirements of the development of affordable rental housing, Shanghai has gradually formed a diversified and multi-subjects affordable rental housing supply system and practice model, effectively meeting the housing needs of new citizens and young people, and exploring the development path of affordable rental housing.

1. To explicit development goals. During the "14th Five-Year Plan" period, Shanghai plans to build and raise more than 470,000 sets (rooms) of affordable rental housing, reaching more than 40% of the total new housing supply in the same period. By the end of the "14th Five-Year Plan"period, Shanghai will build and raise more than 600,000 sets (rooms) of affordable rental housing.

2. To improve the policy system. *The Implementation Opinions on Accelerating the Development of Affordable Rental Housing in the City* issued by Shanghai Municipal Government clarifies the basic system and supporting policies for the development of affordable rental housing in Shanghai, and forms systematic supporting rules on this basis. The supporting rules cover project identification, lease management, planning land management, non-residential housing stock renovation, industrial park supporting facility construction, water and electricity price concessions, infrastructure supporting fee reduction, rent assessment, etc., providing institutional support and guarantee for the standardized and orderly development of affordable rental housing in Shanghai.

3. To formulate design standards. With the concept of "small housing unit, full functioning, and pleasant life", actively explore and optimize the design of affordable rental housing, and complete the compilation of local standards for the new construction and renovation design of affordable rental housing.

4. Government-enterprise cooperation and joint governance. The government has given certain preferential treatment to the construction and operation of affordable rental housing in terms of preferential land supply, tax exemptions, public utility charges, provident fund to offset rent, and financial credit policies. Meanwhile, state-owned real estate enterprises have taken the initiative to assume the leading responsibility for the construction, supply and operation of affordable rental housing, so that affordable rental housing has developed rapidly. In the later operation and management of many affordable rental housing projects, it has explored the mode of joint governance of sub-district offices, neighborhood committees, property management companies, and tenant participation which formed a co-governance and co-construction management model of rental communities, ensuring the healthy operation of the community and enhancing the vitality of the community.

5. Incremental new rental housing is the key part. Due to the overall tense supply of housing in large cities, Shanghai focuses on increasing supply through new construction in the development of affordable rental housing. Shanghai's affordable rental housing is mainly newly added, which more effectively balances the supply and demand of rental housing, is more conducive to meeting the rental housing needs of new citizens and young people, and to the stability and long-term supply of affordable rental housing.

6. To form a layered supply system. From "a suite" to "a room", even "a bed", which can meet different needs of systematic affordable rental housing. There are rental housing communities suitable for all ages and family sizes, as well as communities with high-end commercial housing, and dormitories in industrial parks to promote working-living balance. Many newly built rental housing communities are closely situated at metro stations, and there are also one-bed dormitory apartments for urban builders in the central urban area, as well as youth

apartments within a 15-minute Communtity living circle, which meet different rental needs in an all-round and multi-level manner.

  7. To explore a precise supply and demand docking mechanism. Shanghai regards the optimization of the supply and distribution mechanism of affordable rental housing as an important policy starting point, and strives to solve the problems of renting housing for personnel in public service departments, young employees in industrial parks, enterprises and institutions, and new citizens who have just graduated and joined the companies. While expanding the total amount of housing, governments at all levels in urban areas are also constantly exploring optimization plans, seeking more effective supply and demand docking paths, and striving to guide the directional and accurate supply of housing to key protection objects. For example, the supply of bed-sized dormitory-type affordable rental housing for key public service personnel such as sanitation workers has been increased, and a targeted supply mechanism for unit charter has been established to promote the working-living balance of affordable rental housing. In the rental allocation rules for the supply projects, the allocation of rent is divided into two stages: centralized rent allocation and normalized rent allocation, and in the centralized rent allocation stage, priority is given to ensuring the objects that have no housing and meet other access conditions.

  In the future, affordable rental housing will become an important part of Shanghai's rental housing supply, and continue to provide new citizens and young people with "available, close location, affordable, stable and well-rented" housing, which will become an important support for their growth and settlement in Shanghai.

  This book focuses on the formation, development mechanism and practical cases of Shanghai's affordable rental housing system, and strives to clearly and completely show the development characteristics and exploration process of affordable rental housing in Shanghai. Among them, Chapter 1 mainly introduces Shanghai's affordable rental housing, not only the inevitable result of the development and exploration of the housing rental system, but also the systematic improvement of various policies to support rental housing for new citizens and young people in the past, and it is also the leading direction for the development of the rental housing system in the future, which will form a sustainable development trend. Chapter 2 mainly presents the high-standard formulation planning of Shanghai's affordable rental housing development plan, including the principles, vision, specific content of planning, etc.. Affordable rental housing planning is not a conceptual plan, but an implementation plan and the planning of promoting projects implementation, which plays a role in guiding and promoting the development of the "14th Five-Year Plan" and long-term affordable rental housing. Chapter 3 introduces the high-quality construction of affordable rental housing in Shanghai, which has formed a variety of supply modes for new construction and reconstruction through government-enterprise linkage, high-quality design and high-quality construction, and has formed many representative projects. Chapter 4 presents the high-efficiency management of affordable rental housing in Shanghai, mainly including a sound policy system, the effective supply and demand matching. Chapter 5 introduces high-level services, including affordable rental housing service platforms and community governance services.

This book is organized and compiled by Shanghai Municipal Housing and Urban-Rural Development Administration Commission and Shanghai Municipal Housing Administration, with the participation of Shanghai Planning and Natural Resources Bureau, Shanghai Economic Information Commission and other management departments, and the relevant affordable rental housing construction and operation units have vigorously cooperated to provide materials and cases, and the Real Estate and Urban Development Research Center of Shanghai Normal University undertook the specific compilation work.

As one of the important gathering places for new citizens and young people, Shanghai is one of the first choice places for employment and settlement, serving new citizens and young people, by increasing the construction and supply of affordable rental housing, and promoting the stable and long-term development of affordable rental housing.

目录

第一章　持续健全的上海住房租赁体系　　001

　第一节　多主体、多层次住房租赁体系形成历程　　005
　　1. 兜底的廉租住房　　006
　　2. 面向产业职工的单位租赁住房　　007
　　3. 早期面向新市民、青年人的保障性租赁住房（公共租赁住房）　　008
　　4. 多品种供应的市场化租赁住房　　012

　第二节　大城市住房问题需要新思路　　013
　　1. 存量时代大城市高质量发展的住房策略　　014
　　2. 利用存量资源解决好大城市住房问题　　015
　　3. 将务工人员住房作为大城市经济提振与房地产市场转型的重心　　017
　　4. 构建"向下有托底、向上有通道"的大城市住房保障供给体系　　018
　　5. 中国大城市"青新市民安居工程"亟待系统推进　　019
　　6. 中国大城市住房发展驱动力转换的主要机制　　020

　第三节　保障性租赁住房引领新阶段　　022
　　1. 宏观背景：解决好新市民、青年人住房问题　　023
　　2. 总体思路：多主体供给、多渠道保障、租购并举　　026
　　3. 发展目标：租得到、租得近、租得起、租得稳、租得好　　030
　　4. 法律保障：保障性租赁住房纳入《上海市住房租赁条例》　　032

第二章　高标准规划：把最好的资源留给人民　　037

　第一节　宜居安居的规划引领　　042
　　1. 规划先行　　043
　　2. 目标愿景　　046
　　3. 规划原则　　048

第二节　供需衔接的规划目标　051
1. 供需课题调查　052
2. 从"一间房"到"一张床"专题调研　056
3. 衔接路径　058

第三节　多种渠道的筹措机制　061
1. 新出让国有土地集中新建　062
2. 新出让国有土地配建　064
3. 利用企事业单位自有土地建设　065
4. 利用产业园区配套用地建设　066
5. 利用集体经营性建设用地建设　068
6. 利用非居住存量房屋改建　069

第四节　职住平衡的空间布局　072
1. 加快中心城区低效存量房屋和土地利用　073
2. 发挥浦东新区和主城片区保障性租赁住房引领示范和协同带动作用　074
3. 加大新城保障性租赁住房用地供应力度　075

第五节　有归属感和认同感的宜居租赁居住环境　079
1. 精心设计保障性租赁住房房型　080
2. 打造亲切舒适的住区环境　084
3. 构建15分钟社区生活圈　086

第三章　高品质建设：实现人民对美好居住生活向往　091

第一节　贴近市民的设计理念　096
1. 小户型、全功能、悦生活的总体要求　097
2. 保障性租赁住房设计大赛　098

第二节　政企联动的标准推进　　116
1. 编制标准　　117
2. 标准特点　　119
3. 落实标准　　123

第三节　精简高效的品质管理　　125
1. 简化但不降低标准的审批验收　　126
2. 优化但不放松规范的营商环境　　127
3. 靶向突破，推动重点措施和关键环节改革　　130
4. 搭建平台，推动工程建设项目审批"只录一个系统"　　132

第四节　追求品质的建设项目　　134
1. 打造15分钟社区生活圈——耀华滨江社区　　135
2. 轨交旁、园区边新建项目——中集·中央公园　　139
3. 匠心规划和设计——城投宽庭·江湾社区　　141
4. 张扬青年活力——城开系列社区　　148
5. 闲置非居改建——谊·魔方公寓上海吴泾华师大店　　156
6. 旧公房的城市更新——卢宛816　　159

第四章　高效能管理：提升城市人民住房的获得感　　165

第一节　精准系统的政策体系　　171
1. 政策放首位　　172
2. 政策成体系　　174

第二节　畅通联动的协同机制	176
1. 土地供应是首要的政策支持	177
2. 公共事业服务价格优惠	180
3. 信贷政策进一步提供支持	181
4. 住房公积金助力供需双方	184
5. 保障性租赁住房 REITs 项目试点	188
6. 政企联动的"服务+监管"模式	193
7. 协会引导租金评估科学化、规范化	194
第三节　功能性国企发挥压舱石作用	198
1. 专注于保障住房发展的功能性企业——地产住发	199
2. 保障住房建设地方国企主力军——上海城投	204
3. 发挥金融国企优势——建设银行上海分行	207
4. 深耕区域保障住房的国企——徐汇城投	212
5. 探索专业化租赁住房运营模式——城方	217
第四节　民营经济参与激发市场活力	221
1. 探索专业化租赁社区运营——瓴寓	222
2. 坚守租赁住房服务——唐巢	225
3. 专注宿舍型租赁住房运营——安歆	230
4. 用心做好一个项目——乐松公司	236
第五节　规范有序的供需匹配	239
1. 将保障性租赁住房供应给最需要的人	240

		2. 新时代建设者管理者之家	241
		3. 牵线搭桥的政企联动机制	248

第五章　高水平服务：全面增强人民居住的幸福感　253

第一节　智慧便捷的服务平台　257

1. 方便的"随申办"App　258
2. 全面的信息系统　259

第二节　均衡有效的公共服务　261

1. 全面纳入城市网格——仁慧苑　262
2. 历史风貌区老住房——嘉园　267
3. 同一小区同一家——中海寰宇天下　271
4. 总体均衡完善的公共服务　277

第三节　共享共治的社区生活　279
1. 青年社区青年的家——微领地浦江社区　280
2. 租户委员会——华侨城柚米社区　285
3. 独住不等于无社交——华润有巢　290

第四节　党建引领的社区服务　295
1. 初心驿党群服务站——莘社区　296
2. 彩虹桥青年议事会——彩虹湾　303
3. G60科创走廊示范党建服务站——茸城新业苑　307
4. "XIN里巷"党群服务站——馨越公寓　310
5. 初心汇党群服务站——龙南佳苑　313

总结与展望　318
后记　330

Contents

Chapter 1 Sustained and Sound Rental Housing System in Shanghai 001

    Part 1 The Process of Forming a Multi-Subject and Multi-Level Rental Housing System 005
    1. Low-Cost rental housing 006
    2. Rental housing owned by units for the employees 007
    3. Early affordable rental housing for new citizens and young people (public rental housing) 008
    4. Market-Oriented rental housing with multi-variety supply 012

    Part 2 It Requires New Ideas to Solve the Housing Problem in Large Cities 013
    1. The housing strategy for high-quality development of large cities in the stock era 014
    2. Using stock resources to solve the housing problem in large cities 015
    3. Taking migrant workers housing as the focus of economic boost and real estate market transformation in large cities 017
    4. Building a housing guarantee supply system in large cities with "downward support and upward passage" 018
    5. The "Young New Citizens Housing Project" in China's large cities urgently needs to be systematically promoted 019
    6. The main mechanism of the transformation of the driving force for housing development in China's large cities 020

    Part 3 Affordable Rental Housing Leads a New Stage 022
    1. The macro background: solving the housing problem for new citizens and young people 023

2. The overall idea: multi-subject supply, multi-channel guarantee, rent
　　　 and purchase considered the same　　　　　　　　　　　　　　　026
　　3. The development goal: rent available, close location, affordable, stable,
　　　 well-rented　　　　　　　　　　　　　　　　　　　　　　　　　030
　　4. Legal guarantee: affordable rental housing being included into *Shanghai
　　　 Rental Housing Regulations*　　　　　　　　　　　　　　　　　032

Chapter 2　High-Standard Planning: Leaving the Best Resources to the People　037

　　Part 1　Planning and Guidance for Livable and Comfortable Living　042
　　1. Planning first　　　　　　　　　　　　　　　　　　　　　　　043
　　2. Goals and vision　　　　　　　　　　　　　　　　　　　　　　046
　　3. Planning principles　　　　　　　　　　　　　　　　　　　　　048

　　Part 2　Planning Objectives for Matching Supply and Demand　　051
　　1. Investigation and study of supply and demand　　　　　　　　052
　　2. Thematic research from "a room" to "a bed"　　　　　　　　　056
　　3. The matching path　　　　　　　　　　　　　　　　　　　　　058

　　Part 3　Mechanisms for Construction through Multiple Channels　061
　　1. Centralized new construction for newly leased state-owned lands　062
　　2. Construction fitted for newly leased state-owned lands　　　064
　　3. Using the land owned by enterprises and institutions for construction　065
　　4. Using the supporting land of industrial parks for construction　066
　　5. Using collective operation land for construction　　　　　　　068
　　6. Renovation of non-residential stock housing　　　　　　　　　069

Part 4　Spatial Layout of Working-Housing Balance　　　　072
1. Accelerating the use of inefficient stock housing and land in central urban areas　　　　073
2. Playing the leading demonstration and synergistic roles of affordable rental housing in Pudong New Area and the main urban area　　　　074
3. Increase the supply of land for affordable rental housing in the new towns　　　　075

Part 5　A Livable Rental Living Environment with a Sense of Belonging and Identity　　　　079
1. Carefully design the type of affordable rental housing　　　　080
2. Creating a cordial and comfortable residential environment　　　　084
3. Building a 15-minute community living circle　　　　086

Chapter 3　High-Quality Construction: Realizing the People's Yearning for a Better Living Life　　　　091

Part 1　Design Concepts Close to Citizens　　　　096
1. The overall requirements of small apartments, full functions, and pleasant life　　　　097
2. Affordable Rental Housing Design Competition　　　　098

Part 2　Advancing Standards by Government-Enterprise Linkage　　　　116
1. Preparation of standards　　　　117

2.	The characteristics of standards	119
3.	Implementation of standards	123

Part 3　Streamlined and Efficient Quality Management　125
1. Simplifying but not reducing the standard of approval and acceptance　126
2. Optimizing but not relaxing the business environment　127
3. Target breakthroughs and promoting the reform of key measures and links　130
4. Building a platform to promote the approval of engineering construction projects "only one register system"　132

Part 4　Construction Projects Pursuing Quality　134
1. Creating a 15-minute community living circle – Yao Hua Riverside Community　135
2. New projects next to rail transit and industrial park – CIMC Central Park　139
3. Ingenuity planning and design – Urban Investment Group's Urban Broad Jiangwan Community　141
4. Promoting youth vitality –Urban Development Group's Series Communities　148
5. Idle non-residential renovation – Yi Rubik's Cube Apartment Shanghai Wujing ECNU Store　156
6. Urban renewal of old public housing – Luwan 816　159

Chapter 4　High-Efficiency Management: Enhancing the Sense of Acquisition
　　　　　　of Urban People's Housing　　　　　　　　　　　　　　　　　165

　　Part 1　Precise and Systematic Policy System　　　　　　　　　　171
　　1.　The policy is first　　　　　　　　　　　　　　　　　　　　　172
　　2.　The policy is systematic　　　　　　　　　　　　　　　　　　174

　　Part 2　Coordinated Mechanisms for Unimpeded Linkage　　　　176
　　1.　Land supply is the primary policy support　　　　　　　　　　177
　　2.　Preferential prices for public utility services　　　　　　　　　180
　　3.　Credit policy provides further support　　　　　　　　　　　181
　　4.　The Housing provident fund helps both supply and demand　　184
　　5.　Pilot projects of affordable rental housing REITs　　　　　　　188
　　6.　The "service + supervision" model of government-enterprise linkage　　193
　　7.　The association guides the scientific and standardized rental assessment　　194

　　Part 3　Functional State-Owned Enterprises Play the Role of Ballast Stone　198
　　1.　A functional enterprise focusing on the development of affordable
　　　　housing - Shanghai Real Estate Housing and Development　　199
　　2.　The main force of local state-owned enterprises in the construction of
　　　　affordable housing - Shanghai Urban Investment　　　　　　204
　　3.　Utilizing the advantages of financial state-owned enterprises - China
　　　　Construction Bank Shanghai Branch　　　　　　　　　　　207

4.	A state-owned enterprise deeply engaged in regional affordable housing- Xuhui Urban Investment Company	212
5.	Exploring the specialized operation mode of rental housing – City Wonder	217

Part 4   Private Economic Participation Stimulates Market Vitality 221
1. Exploring professional operation of rental housing community – Lingyu 222
2. Adhering to rental housing services – Tangchao 225
3. Focusing on the operation of dormitory-type rental housing – Anxin 230
4. Doing a good job of a project – Lesong 236

Part 5   Standardizedly and Orderly Matching Supply and Demand 239
1. Supply affordable rental housing to those who need it most 240
2. The house of builders and managers in new era 241
3. A linkage mechanism between government and enterprises 248

Chapter 5   High Level of Service: Comprehensively Enhancing People's Happiness in Housing 253

Part 1   Smart and Convenient Service Platforms 257
1. Convenient "Follow-Up" App 258
2. Comprehensive information systems 259

Part 2　Balanced and Effective Public Services	261
1.　Fully integrated into the city grid – Renhui Court	262
2.　The old housing in the historical area – Jiayuan	267
3.　One home in the same community – Zhonghai Huanyu	271
4.　Overall balance and improvement of public services	277
Part 3　Community Life of Shared and Joint Governance	279
1.　The home of youth in the youth community – Micro-Territory Pujiang Community	280
2.　Tenant Committee – OCT Teak Community	285
3.　Living alone does not mean no social interaction – CR Youtha	290
Part 4　Community Service Led by Party Building	295
1.　Chuxinyi Party Group Service Station – Xin Community	296
2.　Rainbow Bridge Youth Meeting – Rainbow Bay	303

3. G60 Science and Technology Innovation Corridor Demonstration Party Building Service Station – Rongcheng Xinye Garden   307
4. XIN Lixiang Party Group Service Station – Xinyue Apartment   310
5. Chuxinhui Party Group Service Station – Longnan Jiayuan   313

Summary and Outlook   324
Afterword   330

第一章
Chapter 1

持续健全的上海住房租赁体系
Sustained and Sound Rental Housing System in Shanghai

租赁住房是一种常态化居住形式，上海作为全国经济最发达的超大型城市之一，人口密度高，居住需求大，以租赁住房解决阶段性或长期性住房问题的家庭比例更高。随着城市人口不断增加，上海住房供应体系不断完善，对租赁住房的支持政策也在不断完善，逐渐形成了多主体、多层次的租赁住房供应体系。廉租住房聚焦低收入住房困难的户籍家庭；单位租赁住房定向供应产业园区及企事业单位的在职职工；公共租赁住房满足新市民、青年人为主的常住人口阶段性租赁需求；市场化租赁住房满足各类人群多层次的租赁需求。保障性租赁住房政策出台之后，上海的租赁住房供应体系构架更加完善，对新市民、青年人的支持更加有力。

我国城镇化进程不断加快，城镇常住人口持续增加。大城市人口集聚主要以新市民、大学毕业生等青年人为主，如何解决好这部分人群的住房问题成为住房政策的重点。

租房是很多新市民、青年人进入大城市的第一站，但租赁住房市场各种问题影响了他们的幸福感。上海聚焦新市民、青年人阶段性租住困难问题，经过20多年的发展，已形成多层次、多元化的租赁住房供应，包括产业园区及企事业单位租赁住房、面向新市民和青年人的公共租赁住房、非居住房屋改建为租赁住房、新建租赁住房、商品住房配建租赁住房和集体经营性建设用地建设租赁住房等，探索出"多主体、多渠道"的供应体系，并对各种类型房源实施分类管理。"十四五"期间，上海大力落实保障性租赁住房政策，并确立了"租得到、租得近、租得起、租得稳、租得好"的目标，在《上海市住房租赁条例》中将加快发展保障性租赁住房写进地方性法规，使保障性租赁住房成为当前租赁住房供应的引领者。

Shanghai is one of the well developed mega-cities in China, has a larger number of flowed population with a large demand for rental housing. At present, it has formed a multi-subject and multi-level rental housing supply system by increasing the policy support and construction of all kinds of rental housing continuously.

Since 2000, Shanghai has taken the lead in implementing the low-rent housing system in China, and it covered low-income urban registered families with housing difficulties. Since 2006, Shanghai has relaxed the access standards 10 times. A total of 142,000 households have benefited from low-rent housing in Shanghai by the end of 2022.

In 2007, Shanghai issued policies to support enterprises to convert idle non-residential buildings into employee dormitories on self-use land. In 2009, it further expanded the preferential treatment and scope of policies to support some industrial parks, enterprises and institutions, and rural collective village committees in the city to build a number of unit-run rental housing such as talent apartments and employee dormitories.

In 2010, Shanghai put forward the basic ideas of the public rental housing system in view of the phased housing difficulties of young workers, recommend talents, migrant workers coming to Shanghai and other permanent residents with legal and stable employment in Shanghai.They are the supply targets to have the early affordable rental housing which becomes the core characteristics of affordable rental housing from the very beginning. Tenants can enjoy the same public service rights and interests as ordinary commercial housing communities, including nearby kindergarten, primary school, junior middle school, civil price of water and electricity, residence permit, etc. The financing channels of public rental housing are diversified, and the operation and management mechanism follows the principle of "government support and institutional operation".

By the end of the 13th Five-Year Plan in 2020, Shanghai have raised more than 700,000 units (rooms) of rental housing through centralized construction of commercial housing, allocation of existing land transformation, supporting construction of various industrial parks, and transformation of commercial office projects in accordance with regulations. Shanghai has basically formed a housing rental system with multi-agent participation, multi-variety supply and standardized management.

Solving the housing problems of new citizens and young people in large and medium-sized cities have gradually become the focus. It needs to find solutions by transforming the existing housing, increasing the effective supply of rental housing, and increasing the housing guarantee for urban migrant workers on the basis of the existing housing supply system.

Over the past 20 years, Shanghai focused on new citizens and young people's phased rental housing problem, gradually explored the "multi-subject, multi-level" affordable rental housing supply system, including rental housing for industrial parks, enterprises and institutions, public rental housing for the new citizens and young people, non-residential building converted into rental housing, new rental housing on Rr4 residential land, commodity housing with rental housing and collective operational land constructing rental housing, etc., and classified management of various types of housing.

During the period of the 14th Five-Year Plan, in the existing rental housing system development framework, Shanghai further put forward higher development goals, establish the overall goal for affordable rental housing of "available, close location, affordable, stable, and well-rented". By the end of the14th Five-Year Plan, Shanghai will have constructed and raised affordable rental housing above 600,000 sets (rooms), including the supply of 400,000 sets (rooms), and the housing problems of new citizens and young people have been eased greatly.

第一节
Part 1

多主体、多层次住房租赁体系形成历程

The Process of Forming a Multi-Subject and Multi-Level Rental Housing System

1. 兜底的廉租住房

从 2000 年开始，上海在全国率先实施廉租住房制度，保障范围为城镇户籍的低收入且住房困难的家庭。

（1）不断扩大政策覆盖面

根据经济社会发展情况，2006 年以来上海已先后 10 次调整廉租住房收入和财产准入标准。2022 年，上海市廉租住房的最新准入标准为家庭人均月可支配收入 4200 元以下、人均财产 15 万元以下（1 人、2 人家庭及因病致贫型家庭再上浮 10%）、人均住房居住面积 7 平方米以下。

（2）分档补贴，更精准地保障

目前上海以发放租金补贴的方式为主，支持廉租家庭根据自身需求，租赁市场化房源解决居住困难问题。政府租金补贴金额依据廉租家庭的收入水平、住房困难程度以及每平方米面积补贴标准等因素确定，体现"收入越低补贴越多、住房越困难补贴越多、所在区域市场房租越高补贴越多"的梯度保障理念。

上海从 2008 年开始试点实物配租廉租住房，更稳定地定向供应给特殊保障对象。这些特殊保障家庭是本市户籍，可支配收入满足最低准入标准，且家庭配租人员中有孤老、残疾、重大疾病人员、丧失劳动能力人员、退休劳模和三八红旗手、军烈属、残疾军人和归国老华侨等。

至 2022 年底，上海廉租住房累计受益家庭达到 14.2 万户，实现了"应保尽保"；全市租金配租家庭户均年补贴金额约 2.8 万元。目前上海正在享受廉租保障的家庭中，约 80% 通过租金配租保障、约 20% 通过实物配租保障。

> **十年支持一个家庭走出困境**
>
> 何女士是黄浦区淮海中路街道的居民,原先住在顺昌路一间建筑面积仅15平方米的旧式里弄的三层阁楼内,仅靠夫妻俩较低的工资无法解决住房问题。廉租住房政策为他们带来了福音,从2002年起,住房和收入"双困"的何女士一家享受到了廉租住房租金补贴。何女士用廉租住房租金补贴加上原先住房出租后的租金,在离家不远处的徐家汇路62号租了一间房居住,建筑面积37平方米,有两个小房间,儿子可以安心做功课,屋内也有了抽水马桶。何女士在租住的房子里住了十年。这期间,儿子考上了大学,成为一名机电自动化专业的本科生,大学毕业后,进入一家著名的互联网上市公司。由于儿子学业有成,有收入稳定的工作,何女士的家庭月收入超出了廉租住房政策规定的收入标准,于是她主动退出了廉租住房。她说:"廉租政策是用来保障最低收入住房困难家庭的,我们家的收入状况改善了,理应退出,让更困难的家庭享受政策优惠。"

2. 面向产业职工的单位租赁住房

2007年,上海市出台了《闲置非居住房屋临时改建宿舍规定(试行)》,支持企业利用自用土地上闲置的非居住房屋临时改建为职工宿舍。

为了进一步扩大政策优惠及范围,上海市分别于2009年出台《关于单位租赁房建设和使用管理的试行意见》、2010年发布《关于贯彻〈关于单位租赁房建设和使用管理的试行意见〉的若干规定》,支持本市部分产业园区、企事业单位、农村集体经济组织在自用工业土地或集体建设用地上,建设了一批人才公寓、职工宿舍或来沪务工人员宿舍等单位租赁房,解决本单位、本园区或本村镇入驻企业就职员工的阶段性租住困难。

英业达科技公司职工宿舍

2012年英业达、英顺达和英伟达三家同一集团的子公司在闵行区康华路工业用地上建造了三处相邻的职工宿舍并取得"单位租赁住房项目认定书"。该项目总建筑面积11万平方米，可提供1632套（间）宿舍，满足集团内及周边部分企业员工的租住问题。宿舍区提供热水、一日三餐，班车接送，同时还有乒乓球台等体育设施，供员工闲暇时娱乐放松（图1-1）。

图1-1　上海闵行区英业达科技公司职工宿舍

3. 早期面向新市民、青年人的保障性租赁住房（公共租赁住房）

2010年9月上海出台《本市发展公共租赁住房的实施意见》，确立了公共租赁住房制度的基本思路，**供应对象是本市青年职工、引进人才**

和来沪务工人员及其他在沪合法稳定就业常住人口,旨在解决这类人群阶段性住房困难,区别于面向城镇户籍低收入家庭的廉租住房。

2010年9月上海新建大型公共租赁住房社区——"馨越公寓"正式开工

馨越公寓项目位于上海普陀区,上海西部的中、外环线之间,苏州河北岸。项目用于租赁的住宅和宿舍共20.5万平方米,供应房源4000多套(图1-2)。2013年5月,馨越公寓作为市筹公共租赁住房项目开始接受全市符合条件新市民的申请,开通申请前一天网上点击数就突破1.5万人次,接听个人与单位咨询电话达300多次。

图1-2 馨越公寓小区

作为上海中心城区大型公共租赁住房社区,馨越公寓常年处于满租状态,服务承租人超万人。其中青年租户占比在80%以上。馨越公寓的租户拎包入住,小区有充足的停车位和优美的绿化环境,物业提供全天24小时维修服务,水电按照民用价计费。租户子女可就近入学享受优质教育资源,有对口的幼儿园、小学和初中。馨越公寓租赁运营十余年,已成为普陀区青年人才安居乐业的模范家园,青年们自发建立了多个志愿者公益社群,线上线下发展壮大,形成以志愿公益为主、文体亲子兴趣社团为辅的青年参与社区自治共治新风尚。

上海公共租赁住房制度的建立，一开始就具有现在全国层面保障性租赁住房的核心特征，将住房保障覆盖面从户籍人口扩展到非本市户籍人口，从中低收入人群扩展到中高收入人群，运行强调保障与市场结合，主要有以下五个显著特点。

一是运营管理机制遵循"政府支持，机构运作"的原则。市区两级政府的公共租赁住房运营机构建设与经营公共租赁住房项目，各区都成立有公共租赁住房运营公司（图1-3），负责本区的公共租赁住房。公共租赁住房专业运营机构都是按照市场机制运作，以保本微利为营运目标，项目租金略低于市场租金水平。

二是房源筹措渠道更加多元化。公共租赁住房项目有多种房源筹措方式，包括商品住房中配建、集中新建、其他保障性住房转化、改建闲置的非居住房屋和收购或代理经租闲置存量住房等五种筹措方式。

三是供应对象不限于本地户籍，主要是新市民。申请人应当同时符合两个条件：①稳定居住、稳定就业，即有上海市常住户口或持有上海市居住证，已与上海市就业单位签订1年以上劳动或工作合同，并依法

图1-3　各区公共租赁住房公司

缴纳各项社会保险金；②在住房状况方面，还需要符合在上海市住房困难的条件，即人均住房建筑面积低于15平方米。

四是解决阶段性住房困难。公共租赁住房有最长居住年限规定，最长居住年限为6年，如果不能及时退出，则在第七年按市场水平收取租金，最多缓期2年，必须退出。

五是租户享受全面的公共服务。目前新建公共租赁住房都是居住用地上的社区型住宅，生活社区中设有健身、娱乐、文化等公共活动空间，有居委会、派出所等社区服务机构办事点，与普通商品房社区在居住体验上没有区别。

如位于徐汇区的馨逸公寓社区每月由属地派出所、居委会、租户、业主方代表定期召开安全治理会议。2023年3月28日，馨逸公寓社区例行召开了一场安全治理通报会（图1-4），参与方有漕河泾派出所、居委会、社区租户代表、业主方代表等。会议中就近期社区内的安全整治、反诈宣传、实有人口信息核查以及公益活动开展等多项重点工作进行了讨论，并与各单位商讨入住员工的管理措施，加强员工管理，协同共治，打造安全文明的社区环境。

图1-4 馨逸公寓社区安全治理通报会

4. 多品种供应的市场化租赁住房

党的十九大报告中强调，加快建立多主体供给、多渠道保障、租购并举的住房制度。2017年上海出台了《关于加快培育和发展本市住房租赁市场的实施意见》，明确了发展租赁住房的指导思想，坚持房子是用来住的、不是用来炒的定位，以满足市民住房需求为出发点、以建立购租并举的住房制度为主要方向，以市场为主满足多层次需求，以政府为主提供基本保障。健全住房租赁制度，加大租赁权益保护力度，鼓励住房租赁居住模式。坚持以企业为主体和市场化运作，加快推进供给侧结构性改革，多措并举、扩大增量、盘活存量，大幅增加各类租赁住房建设供应，促进住房租赁市场健康发展，满足多层次的住房租赁需求，为将上海建设成为有温度的创新之城、人文之城和生态之城提供租赁居住保障。

到2020年"十三五"结束，通过集中新建、商品住房配建、存量用地转型、各类园区配套建设、商业办公项目依规转化等方式，上海累计建设筹措租赁住房超过70万套（间），其中新建和转化租赁住房40万套（间），出让集中式租赁住房项目用地150幅，建筑面积约1000万平方米，租赁住房新建量在各大城市中位居第一。

经过20多年的建设，上海基本形成了多主体参与、多品种供应、规范化管理的住房租赁体系，以满足不同人群租住需求。在2400多万常住人口中，租房人口约1000万，占比超过40%。全市各类城镇租赁住房总量约230万套，并以市场化租赁住房供应为主。在市场化租赁住房快速发展的基础上，各类保障性租赁住房也加快供应，将形成市场化租赁住房与保障性租赁住房协调发展的格局。

第二节
Part 2

大城市住房问题需要新思路
It Requires New Ideas to Solve the Housing Problem in Large Cities

近年，我国大城市，尤其是超大城市的人口聚集现象突出。大城市人口集聚主要以新市民、大学毕业生等青年人为主，如何解决好大城市住房问题成为住房政策研究的重点。这里整理了部分专家近期发表的相关观点。

1. 存量时代大城市高质量发展的住房策略

（戴晓波，中国房协房地产市场和住房保障研究分会副会长，上海社会科学院研究员）

大城市居民的住房条件和品质是否达到现代化和人文化，是城市发展水平和文明程度的内外在体现。城市发展和经济增长可以促进居民住房水平的提高，而居住水平改善又可以吸引高素质人才流动到城市，带来城市更加繁荣的发展。

中国房地产市场进入存量时代，早期住房制度改革效应和市场化红利逐步减弱；各种新的住房问题凸显，如房价过高、住房供应结构不合理、住房保障覆盖面不全等。高质量发展已成为未来住房发展的主题，亟待新的制度改革和机制创新。

增量时代中国城市经历了从工业化到新型城镇化的发展跨越。中国的城镇化率在短短的40年里，从1980年的不到20%提升到2020年的63%以上，接近现代化国家水平。存量时代到来之后，伴随着城市人口饱和与老龄化，城镇化红利将逐步消失。

都市圈和城市群发展，以及通过城市更新的新型城镇化改造，将成为存量时代城市发展的主流。大城市的创新人才吸引和高端服务功能日益凸显。满足居住和就业需求的"职住平衡"、满足阶段性居住需求的住房租赁和多元住房供给渠道，将成为吸引城市居民安居乐业的新赛道。

当下，以上海为代表的大城市住房既存在长期困难，又面临新的问题：一是城市中心区房价居高不下，影响了城市的创新活力和动力，青年创业者难以真正立足；二是职住布局不平衡，城市中心区工作机会多，但住房短缺、职工通勤距离和时间长、商办楼供给过剩、楼宇功能单一；三是住房房型结构不合理，保障房标准较低、商品房标准较高，不利于吸引中等收入人才。

未来大城市在存量时代要谋求高质量的住房发展，尤其要在人才吸引和阶段性居住方面发力，具体涵盖四个方面的发展策略。一是大力发展住房租赁和长租房。以上海为代表的大城市近几年新增住房建设较多用于公租房，存量住房中用于租赁的住房比重逐年增加，在"房住不炒"和"租购并举"等政策指导下，住房消费结构中的租售比例逐步趋于"屋尽其用"。二是通过租赁住房多渠道供应抑制房价快速增长。鼓励社会各界各种房源入市出租，包括市场租赁住房、企业和园区职工公租房、政府公租房和廉租房等，为社会提供全方位的租赁住房和长租房。三是结合城市定位，比如上海通过建设五个新城和城市更新，新建和改建宜居、宜业的居住区，增加住房供应，以满足青年市民和新市民的住房需求。四是以住房消费和保障可负担性为准则，通过市场化、社会化和政府托底保障三大渠道，构建多元多样的住房供给体系，实现国际大都市居民的高质量居住。

（摘自"戴晓波. 居者有其屋：中国大城市住房发展的三次转型 [J]. 探索与争鸣，2023（4）：9-11."并经作者审核）

2．利用存量资源解决好大城市住房问题

（秦虹，中国人民大学国家发展与战略研究院高级研究员）

大城市住房的突出问题是可支付性和宜居性较差，这也是世界各国大城市普遍存在的突出问题。

国际上衡量住房可支付性的通用标准是房价收入比。由于房价指标和收入指标的选取差异大，因此计算出的各地房价收入比相差也较大。但无论怎样选取指标，一般的规律是，在一个国家或地区中，大城市的房价收入比高于全国平均水平。虽然在很多国家都是如此，但我国大城市房价收入比偏高也是不容忽视的事实。

在我国大力实施城市更新行动的战略下，"存量更新"是多渠道解决大城市住房问题的新路径。对城区内存量住房完善其生活配套、提升其基础设施和公共服务水平，可以极大地提高城市的宜居性及便利性；将闲置低效的办公、旅馆等改建成租赁住房，可以增加住房供给，调节供求关系，降低居民支付压力；对城区存量物业的提质与盘活，可以带动商业服务业发展，增强城市活力，创造更多就业机会，提升居民的收入水平，尤其是避免新建租赁住房由于市区地价高或郊区偏远而难以满足新市民、青年人租房需求等问题。

从投入与产出来看，"存量更新"能起到事半功倍的效果。城中村有机更新能够实现村民财产性收入提升、城市青年租赁空间改善、政府城市治理优化等多方共赢。例如，深圳新围仔村在不拆除的前提下进行改造，市场化企业承租农民房后将房屋改造成更受年轻人青睐的小户型再向市场供应。改造后的围仔村成为智慧安全、配套丰富、充满活力的社区。"非住改居"则将房屋商业用途转化为居住用途，既解决了闲置问题，又增加了优质的租赁住房房源，实现了房屋使用价值的最大化。例如，武汉的冠寓光谷新壹城店项目、上海的龙湖冠寓项目，以及广州继园东"工改租"项目，均由闲置的商业或工业楼宇改造而来。而老旧小区改造除了为原业主改善居住条件，也可为周边就业群体提供更优质的租赁房源。例如，北京真武庙老旧小区改造后变身人才公寓，开创了全市首例"租赁置换"模式，形成了居民获益、产权单位减负、政府满意的共赢局面。

（摘自"秦虹. 存量更新：中国破解大城市住房顽疾的重要路径 [J]. 探索与争鸣，2023（4）：12—16."并经作者审核）

3. 将务工人员住房作为大城市经济提振与房地产市场转型的重心

（姚玲珍，上海财经大学副校长、公共经济与管理学院教授）

2008年以来，党中央和国务院高度重视务工人员的住房问题，2014年的政府工作报告更是首次提出"完善住房保障机制，以全体人民住有所居为目标"。务工人员以租房为主且房租负担过重，是大城市的普遍现象。目前消费复苏是经济重振的关键，相比于房价上涨对家庭消费的财富效应，降低房租负担将直接有利于优化无房家庭收入分配渠道，激发家庭日常消费潜力。

自2015年中央经济工作会议首次提出要建立"以满足新市民住房需求为主要出发点"的"租购并举的住房制度"，将包括务工人员在内的非户籍人口纳入公租房体系之后，在政策激励下长租房得到快速发展，但金融政策变动、租赁市场波动等形势变化，又使该租赁模式出现困难。因此从解决务工人员住房问题入手大力发展住房租赁，有助于扭转房地产市场"重售轻租"的局面，实现租购并举。

发展住房租赁解决务工人员住房问题的主要路径建议。一是明确居住标准，强化政府责任，以法规形式明确务工人员的最低居住标准，加大务工人员住房保障的力度。二是创新机制，加大务工人员可支付租赁住房供应，充分发挥产业园区、企事业单位作为务工人员住房供给主体的积极作用。以集中新建、配建和改建等方式，加大满足务工人员居住需求的租赁房供应。大力发展代理经租，加强集体土地存量租赁房的管理。三是完善政策，提升务工人员住房支付能力，加快务工人员社会保障全覆盖，实现基本公共服务均等化，多途径提高务工人员的资产收益和劳动收入，多方式对务工人员进行房租补贴。以房租优惠券或货币形式进行房租补贴，可使低收入家庭直接获益，是各国解决住房需求端问题的主要政策做法。

（摘自"姚玲珍. 务工人员：大城市经济复苏与房地产市场转型的重心[J]. 探索与争鸣，2023（4）：21-23."并经作者审核）

4. 构建"向下有托底、向上有通道"的大城市住房保障供给体系

（虞晓芬，浙江工业大学副校长，中国住房和房地产研究院教授）

基于满足保障对象多元化需求和人民群众美好生活需要，大城市，尤其是高房价的大城市，应加快构建多渠道保障，形成"向下有托底、向上有通道"的住房保障供给体系，加大住房保障力度，尤其是高房价大城市应加快建立"向下有公租房作托底，向上有共有产权住房、拆迁安置房、老旧小区改造、政策性住房金融等做通道"的多渠道住房保障体系。

一是规范发展公租房，重点面向城镇户籍人口中的住房、收入"双困"家庭，对不同收入家庭实行差别化租金补贴。二是大力发展保障性租赁住房，由政府政策支持、社会力量建设和运作，主要解决无房新市民、青年人等群体的阶段性住房困难问题，价格略低于市场租金。三是积极实施共有产权住房，面向有一定经济能力但又暂时买不起市场商品住房的家庭，这对增强居民获得感、社会安全感和归属感，壮大中等收入群体队伍，缩小贫富差距具有重要意义。四是科学实施城市有序更新，通过有序更新，彻底改变集中成片的房屋质量不佳、公共设施欠缺、居住过度拥挤的家庭居住条件。五是丰富住房保障货币化补贴，可以将货币补贴作为配租类、配售类和旧改类等多种住房保障形式的组成部分。政府可根据城市房地产市场特征和保障对象特点，采用"补+租""补+售""补+改"等组合。六是扩大住房公积金覆盖面，住房公积金是国家给予税收优惠支持，形成资金池，以低利率支持缴存者购房，增强职工改善居住条件能力的唯一一项政策性住房金融制度。

（摘自"虞晓芬. 构建'向下有托底、向上有通道'的大城市住房保障供给体系[J]. 探索与争鸣，2023（4）：28-31."并经作者审核）

5. 中国大城市"青新市民安居工程"亟待系统推进

（倪鹏飞，中国社会科学院财经战略研究院研究员）

"青新市民"主要是指在城镇地区居住 6 个月以上的非户籍流动人口，包括跨市流动的城镇户籍居民和农村户籍居民，市内跨区县流动的农村户籍居民，以及拥有工作地户籍的年轻居民。青新市民人数众多，是经济发展的中坚力量，但住房价格贵、住房保障低、收入水平普遍偏低，给青新市民生活带来较大压力；群租比例高、非正规住房比例高、住房设施和环境较差，给青新市民生活带来一定安全隐患。

基于大城市住房问题的产生原因和解决实践，笔者建议从四个方面系统推进"青新市民安居工程"。

一是建立"长短兼顾"的青新市民保障性住房产权体系，以住房产权结构为主线，构建保障性住房体系，确保应保尽保；以租赁房为起点，租赁优先，满足短期需求；将共有产权房作为重点，租售结合，匹配中期需求；将自有房作为终点，自有为主，满足长期需求。

二是构建"多中有主"的青新市民保障性住房供给体系。居民家庭应该成为未来青新市民住房供给的主体，存量住房是供给主渠道。应充分挖掘存量住房潜力，实施住房阶梯消费，尤其是租赁住房应以改造为主。住房供给实施"四个结合"，青新市民住房供给与都市圈建设相结合，与中心城区旧房改造和老城更新相结合，与产业发展空间相结合，与处置化解出险房企的风险相结合。

三是建立监管与支持充分到位的青新市民住房保障政策体系。包括建立在线交易服务与监管平台，建立与线下业务精准匹配的线上交易、服务和监督平台；实行政府指导定价制度，兼顾供给成本加成和需求预算约束两方面；构建保障房用地制度体系，实行人地挂钩制度；改革住房公积金制度体系，扩大公积金消费融资功能的同时，拓展公积金为保障性住房开发运营提供资金支持的融资功能。

四是建立各方参与的青新市民住房保障激励和约束机制。包括明确青新市民安居工程的城市政府主体责任，建立城市政府的约束与激励机制；建立辖区政府间的利益平衡机制，实行都市圈范围内的统筹，将用地、财政和公共服务落实到为安居工程住房提供土地、进行基础设施及公共服务配套的周边城市及区、县、街（镇）等。构建机构参与的激励与约束机制，通过税收优惠、土地入股、财政补贴和政府定价，在降低开发成本的同时，保证合规开发经营单位能够获得稳定的利润；建立家庭参与的激励与约束机制，开征或调整房地产相关税负，在一定程度上倒逼多套住房家庭出租和出售闲置住房，增加租售住房供给和平抑价格。

（摘自"倪鹏飞．中国大城市'青新市民安居工程'亟待系统推进 [J]．探索与争鸣，2023（4）：17-20."并经作者审核）

6．中国大城市住房发展驱动力转换的主要机制

（陈杰，上海交通大学国际与公共事务学院、中国城市治理研究院教授）

大城市居民相比于中小城市居民，在住房方面长期存在"住得贵、住得差、住得远、住得分化"等突出问题，住房不均等及居住隔离现象更为凸显，大城市亟须以符合中国式现代化要求的理念来转变住房发展方式。

第一，以住房发展指导思想的根本性转变，来实现住房发展驱动力的转换。这方面首先要求地方政府在发展理念和住房认知上发生根本性转变，舍得放弃短期收益，把居住空间从资本积累的工具转为社会建设的基础和社会治理的平台。

第二，加快租购同权，大力推动租购并举。从微观机制上削弱居住空间资本化的潜在收益，承认公共服务享有权只与人的身份有关，与房

屋产权无关，这是"城市权利"和"空间正义"理念的基本内涵，也是转向满足民生驱动的新住房发展模式的必然要求。

第三，激励各方利益主体向共同价值驱动转变，实现多主体对居住空间生产、分配和治理的协同参与，多渠道进行住房保障。"房住不炒"不仅是政府住房治理的政策准则，也应是每个公民自觉践行和维护的信念，不能以自己资产增值而去损害其他成员的住房权、发展权。

第四，以推动城市空间合理重构，来推进居住空间再生产和品质升级。加快城市更新、"三旧"改造和商办楼宇改建，可以使"沉睡"或原本没有最大化利用的城市空间创造出更多优质居住空间。在城市更新过程中新增的住房供应，原则上应以租赁住房为主，保障居住空间资源的可流通性和可共享性。

第五，加快促进区域协调发展和市域空间优化，在城市群、都市圈和城市内部各个空间层面做好公共服务均等化，促进住房供给与城市发展的协调一致。坚决去除大城市因为行政特权在公共服务和公共资源配置上的垄断性优势，减少因为公共服务差距而产生的空间福祉差异。加快构建以城市群、都市圈为依托的大中小城市协调发展格局，尤其需要优先推进各个空间尺度内的基本公共服务均等化，通过对本区域内公共服务洼地进行"空间修复"来引导发展资源和公共服务的空间配置走向均衡化。

"加快转变超大、特大城市发展方式"，要求我们在城市发展理念上转换思路，从产业发展向宜居、安居优先转变，借助交通技术的进步、经济数字化和生活数字化的东风，实现特大、超大城市居住空间福祉与发展势能提升的互促发展。

（摘自"陈杰. 中国大城市住房发展驱动力的内在逻辑与转换机制[J]. 探索与争鸣，2023（4）：5-8."并经作者审核）

第三节
Part 3

保障性租赁住房引领新阶段
Affordable Rental Housing Leads a New Stage

1. 宏观背景：解决好新市民、青年人住房问题

（1）租赁住房仍是新市民、青年人进入大城市的第一站

每至毕业季，大学生集中到城市就业，选择租赁住房，常常面临"租不好、租不到、租不起"等问题。58安居客房产研究院《2021年毕业生就业居住调研报告》显示，2021届全国909万普通高校毕业生中，80.5%的毕业生需要租房，而这个占比在一线城市为88.3%，新一线城市为77.7%。

因此租房可能成为毕业生进入大城市的第一站。中国青年报·中青校媒调查发现，74.31%受访者表示自己或亲友在租房中遇到过一定的困难；47.9%遇到退房时不退还押金的情况；42.6%遇到入住期间须支付额外费用的情况；38.7%遇到没有签订具有法律效力的合同的情况；37.9%遇到租到的房屋存在装修污染的情况；26.6%遇到房东或房屋管理者毁约，中途不得不退租的情况；26.5%表示遇到二房东赚差价，或者和二房东签订了无效合同的情况；23.2%表示存在房东或房屋管理者不按照合同履行维修等义务的情况[1]（图1-5）。

上海师范大学房地产与城市发展研究中心针对上海新市民住房状况的一项调查显示，目前从市场上租赁住房居住的仍有一半以上，购房居住的仅占11%（图1-6）。

伴随城镇化比率提升和住房供需关系的改变，住房困难矛盾已经集中体现在少数人口净流入大、房价较高、租房需求市场较大的超大特大城市。与此同时，依靠传统住房保障供应体系解决城市更大规模群体——新市民、青年人的阶段性租赁需求困难问题，也存在各种政策、资金上的困境。

1　共青团中央.毕业季，大学生租房难题亟待关注解决 [EB/OL].（2022-06-21）[2023-09-15]. https://baijiahao.baidu.com/s?id=1736225155256972252&wfr=spider&for=pc.

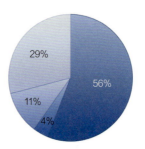

图 1-5　租房的各种困难　　　　图 1-6　新市民居住现状

（2）国家提出新政策

2020 年 10 月，党的十九届五中全会通过的《中共中央关于制定国民经济和社会发展第十四个五年规划和二〇三五年远景目标的建议》明确指出，扩大保障性租赁住房供给，首次提出"保障性租赁住房"的概念。2021 年 6 月 18 日，国务院常务会议审议并原则通过《国务院办公厅关于加快发展保障性租赁住房的意见》（图 1-7），2021 年 6 月 24 日，由国务院办公厅印发，明确了保障性租赁住房的基础制度和支持政策。

图 1-7　国办发〔2021〕22 号文

加快发展保障性租赁住房，帮助新市民、青年人等群体缓解住房困难，促进解决好大城市住房突出问题，是党中央、国务院做出的重大决策部署，是"十四五"时期住房建设的重点任务。党中央、国务院专门明确保障性租赁住房的基础制度，出台精准度高、含金量大、操作性强的土地、财税、金融等一揽子支持政策和审批制度改革措施，充分体现了党和政府加快发展保障性租赁住房，尽最大努力帮助新市民、青年人等群体缓解住房困难的决心。同时，这一重大决策部署也是在全面总结我国住房发展取得的历史性成就，清醒认识当前大城市住房突出问题，深入开展试点的基础上做出的，有着深刻的现实背景和坚实的实践基础[1]。

保障性租赁住房主要解决新市民、青年人的住房问题，是在公租房之外，一个新的制度，是以前所没有的。这个新的制度就是政府给政策支持，引导多主体投资、多渠道供给。具体的方式可以多种多样，包括利用集体土地建设，企事业单位自有闲置土地建设，园区配套用地建设，还有非居住存量房屋，包括空置的商业办公楼、工业厂房等，都可以改造，通过多种方式来增加保障性租赁住房的供给。政府给了政策支持，对于提供者的要求就是要小户型、低租金，尤其是70平方米以下的小户型[2]。

（3）上海实施办法及时出台

2021年11月上海正式出台《关于加快发展本市保障性租赁住房的实施意见》。上海市政府新闻办举行市政府新闻发布会，明确了"十四五"期间，全市计划新增建设筹措保障性租赁住房47万套（间）以上，达到同期新增住房供应总量的40%以上；到"十四五"末，全市将累计建设筹措保障性租赁住房60万套（间）以上。同时，提出2021—2022年计划建设筹措保障性租赁住房24万套（间），完成"十四五"目标总量的一半以上的计划安排。

---

1 倪虹.以发展保障性租赁住房为突破口破解大城市住房突出问题[J].行政管理改革，2021（9）：44-49.
2 曹金彪.2021年7月7日国务院新闻办公室举行国务院政策例行吹风会上的发言[EB/OL].（2021-07-07）[2023-09-15].https://www.gov.cn/xinwen/2021zccfh/26/index.htm.

2. 总体思路：多主体供给、多渠道保障、租购并举

上海作为超大型城市，自 2000 年开始外省市户籍常住人口快速增加（图 1-8），新市民、青年人的住房困难问题比较突出。青年人是城市的希望和未来，解决好他们的安居问题，关系到城市的活力和未来发展，也彰显着城市的温度和包容。上海市委、市政府认真践行"人民城市"重要理念，把加快发展保障性租赁住房作为政治责任和自觉行动，努力让来沪新市民、青年人享有品质生活，感受城市温度，拥有归属认同，以安居、宜居提升城市竞争力和软实力。

（1）"租购并举"的住房保障体系

上海自 2000 年以来，聚焦本市城镇中低收入住房困难家庭，按照"保基本、全覆盖、分层次、可持续"的要求，建立了廉租住房（对应国家层面的公租房）、保障性租赁住房、共有产权保障住房、征收安置住房四位一体、"租购并举"的住房保障体系。其中，对本市城镇户籍低收

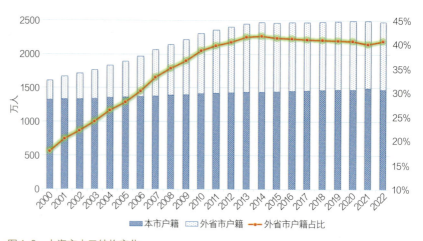

图 1-8　上海市人口结构变化

图 1-9 上海"租购并举"住房保障体系

入住房困难家庭，实施廉租住房制度；对在本市合法就业、存在阶段性住房困难的新市民、青年人，配租保障性租赁住房；对本市城镇户籍及符合一定条件的非沪籍常住人口中的中等及中等偏下收入住房困难家庭，配售共有产权保障住房；同时，结合旧城区改造，定向配售征收安置住房，改善房屋征收区域内住房困难家庭的居住条件。保障性租赁住房政策出台后，上海的住房保障体系构架更加清晰明确，形成了更加完善的"租购并举"的住房保障体系（图1-9）。

（2）多主体、多渠道供应的保障性租赁住房

过去20多年，上海已初步形成了多品类、规模化的租赁住房供应体系（图1-10）。在统筹已有相关租赁住房房源基础上，上海严格执行国家保障性租赁住房政策，对保障性租赁住房筹集实施分类纳管政策。

1）产业园区及企事业单位租赁住房模式

产业园区及企业有大量普通产业工人需要解决就近租住的问题。他们收入不高，对居住条件要求也不高，但倒班制需要他们就近租住，上

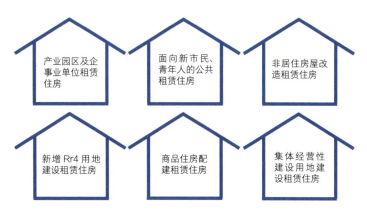

图 1-10 保障性租赁住房的多主体、多渠道供应

班路上的时间要尽可能短。同时为了便于组织管理，企业方也希望工人能集中居住。能否提供"蓝领"职工宿舍公寓，越来越成为园区能否吸引企业入驻、企业能否吸引工人就职的重要福利政策。目前，上海已有纳入保障性租赁住房的单位租赁住房项目一百余个。

2）面向新市民、青年人的公共租赁住房模式

上海从 2010 年 9 月开始实施公共租赁住房政策，不同于其他城市面向低收入户籍家庭为主的公共租赁住房（原廉租住房），该政策具有保障性租赁住房的核心特征，主要面向本市青年职工、引进人才和来沪务工人员及其他在沪合法稳定就业的常住人口，旨在解决这类人群阶段性住房困难。该政策已经实施十余年，保障性租赁住房政策出台后，新增的公共租赁住房全部纳入保障性租赁住房管理。

3）非居住房屋改造租赁住房模式

上海较早探索非居住存量房屋改建租赁用房的政策制定及实施，并坚持扶持和培育专业化租赁企业。为了解决企业来沪从业人员居住问题，2007 年上海市出台了《关于闲置非居住房屋临时改建宿舍的规定（试行）》，支持企业利用自用土地上闲置的非居住房屋临时改建为职工宿舍，在确保土地合规、改建达标、只租不售的前提下，规定了审批流程、设计标准、改建要求、租赁对象、租金标准、租赁备案，以及税负减免和

水电民用价优惠等政策。2022年1月印发了《本市非居住存量房屋改建为保障性租赁住房的实施意见》，对非居住存量房屋改建为保障性租赁住房的标准、程序、管理等作了详细的规定。

4）新增 Rr4 用地建设租赁住房模式

自2017年7月起，上海对集中新建的租赁住房项目创设"四类住宅用地（简称 Rr4）"专门类别进行管理。市规划资源部门出台专项政策明确此类地块全生命周期管理要求。Rr4 租赁住房用地主要采取定向挂牌、协议出让方式供应；建立租赁住房地价体系，根据土地的市场评估价格，结合租赁市场情况、土地前期储备情况、全生命周期自持管理要求等，由出让人通过集体决策定价，价格一般大幅低于同地段商品住房地价；Rr4 租赁住房用地和房屋不得转让，用地受让人的出资比例、股权结构、实际控制人等应按照出让合同约定，不得变更；因特殊情形确需转让和变更的，须经出让人同意，且租赁住房规划用途和实际使用性质不变。由于该类租赁住房已经享受了土地政策等优惠，并重点面向新市民供应，所以当保障性租赁住房政策出台后，大多数都被纳入保障性租赁住房管理，并成为新建保障性租赁住房的主要组成部分。

5）商品住房配建租赁住房模式

房地产开发企业在普通商品住宅小区中通过配建一定比例的租赁住房，并可以通过申请认定为保障性租赁住房，享受相关保障性租赁住房政策。该政策起始于2016年，上海市规划和国土资源管理局等四部门联合发布《关于进一步优化本市土地和住房供应结构的实施意见》，提出要适当提高商品住房用地的中小套型比例，明确新增商品住宅用地须配建不低于15%的自持性租赁住房。当时考虑该类租赁住房由开发企业自持，一般以市场化方式向社会供应，形成集中供应型的市场化租赁住房主体。由于市场化租赁住房成本税收高，开发企业可以通过限制供应对象等方式，申请将该类租赁住房纳入保障性租赁住房管理，认定通过后即可享受相应的优惠税费政策。

6）集体经营性建设用地建设租赁住房模式

早在2009年，上海就开始探索利用农村集体建设用地建设租赁住房,在当年出台的《关于单位租赁房建设和使用管理的试行意见》中,指出可按照"城乡统筹、合理布局、节约土地、集约发展"的原则,在符合城乡规划和土地利用规划、建设用地总量不增加的前提下,镇、村集体经济组织可以利用闲置的镇、村企业用地或废弃的其他集体建设用地,建设限定供应的市场化租赁宿舍。2017年,国土资源部、住房和城乡建设部出台了《利用集体建设用地建设租赁住房试点方案》,上海成为第一批利用集体建设用地建设租赁住房的试点城市之一。

7)分类纳入保障性租赁住房供应

将房源按过去适用的政策类型划分,可主要分为单位租赁住房、公共租赁住房、5%配建保障性住房、Rr4用地等全自持租赁住房、15%配建企业自持租赁住房、集体经营性建设用地租赁住房、非居住房屋改建租赁住房和其他租赁住房八大类别。不同渠道筹集的保障性租赁住房采取不同的纳入保障性租赁住房管理(简称"纳保")方式。根据具体纳保方式,可将现有各种类型的租赁住房纳保程序分为三大类:A类为统一纳入类,包括市级和区级房屋管理部门认定的专门面向新市民和青年人出租的公共租赁住房和单位租赁房,按程序统一纳入保障性租赁住房;B类为统一认定后纳入类,市级和区级国有企业通过各种方式获得租赁住房用地投资新建的全自持租赁住房,由区房屋管理部门统一认定后,纳入保障性租赁住房管理;C类为申请后认定纳入类,其中主要是原有的市场化机构经营的租赁住房,通过政府适当引导、企业自愿申请的方式,由相关管理部门认定后,纳入保障性租赁住房管理。

3. 发展目标:租得到、租得近、租得起、租得稳、租得好

上海在推进保障性租赁住房建设供应过程中,深入聚焦新市民、青年人租赁需求的堵点、痛点和难点问题,确立了"租得到、租得近、租

得起、租得稳、租得好"的"五个租"目标，创新实施保障性租赁住房各项政策举措。

1）加大房源供应力度，让新市民、青年人"租得到"

计划"十四五"期间，全市新增建设筹措保障性租赁住房47万套（间）以上，达到同期新增住房供应总量的40%以上；到"十四五"期末，全市累计建设筹措保障性租赁住房总量达到60万套（间）以上，其中形成供应40万套（间）左右，使新市民、青年人的住房困难得到较大程度缓解。

2）科学规划空间布局，让新市民、青年人"租得近"

上海认真践行"把最好的资源给人民"的理念，坚持规划先行、科学布局、职住平衡。编制保障性租赁住房专项规划，47万套（间）新增建设筹措的保障性租赁住房全面规划落地并上图；落实空间格局优化战略，将保障性租赁住房布局向新城、产业园区、轨道交通站点周边和人口导入区域聚焦；尤其是新城建设，以稳定就业、稳定居住为导向，结合产业发展、人口导入、人才成长不同阶段居住需求，适度提高保障性租赁住房在新增住房供应中的占比，将新城轨交站点600米范围内70%以上新增住宅用地用于保障性租赁住房，努力把新城建设成为住房发展的民生福祉之城。

3）控制租金、优化户型，让新市民、青年人"租得起"

上海对保障性租赁住房租金初次定价和调价涨幅实行"双控"。面向社会供应的项目，初次定价在同地段同品质市场租赁住房租金的九折以下，后续调价每年涨幅最高不超5%；面向本园区、本单位、本系统职工定向供应的项目，租金可进一步降低。

4）稳定租期、健全配套，让新市民、青年人"租得稳"

上海保障性租赁住房租赁合同期限原则上不少于1年、不超过3年；合同到期经复核仍符合准入条件即可续租，不设最长保障总年限。保障性租赁住房承租人及居住使用人可以按规定在租赁房屋所在地办理居住登记、上海市居住证（非上海市户籍）及社区公共户落户（上海市户籍），并相应享受未成年子女义务教育等基本公共服务。

5）提升品质、优化服务，让新市民、青年人"租得好"

上海市积极打造"小户型、全功能、悦生活"的保障性租赁住房，根据新市民、青年人的需求特点，精心设计户型，高标准配置公共空间和配套设施，专门开展保障性租赁住房房型设计大赛，并优化建设标准。将保障性租赁住房纳入社区（居村委）服务范围，实施党建引领社区治理行动，共同缔造有温度的幸福社区。

4．法律保障：保障性租赁住房纳入《上海市住房租赁条例》

1）保障性租赁住房纳入法规体系

上海是第一个将加快发展保障性租赁住房写进地方性法规的城市，其主要目的是将相关发展要求和支持政策通过法规进行明确和强化。2021年国家层面上发布了《国务院办公厅关于加快发展保障性租赁住房的意见》（国办发〔2021〕22号），随后上海也出台了《关于加快发展本市保障性租赁住房的实施意见》（沪府办规〔2021〕12号），这两者都是政策性文件，还没有上升到法律的层面。为此，在《上海市住房租赁条例》（简称《条例》）修订过程中，结合保障性租赁住房发展需要，充分听取专家、群众和管理部门意见，考虑将保障性租赁住房发展纳入条例，并进行研究。

2022年11月23日，上海市第十五届人大常委会第四十六次会议审议通过地方性法规《上海市住房租赁条例》，自2023年2月1日起施行。《条例》设置"保障性租赁住房"专章，规范保障性租赁住房管理。

2）强化发展导向和支持政策

《条例》对上海发展保障性租赁住房的方向和支持政策进行了明确，以立法稳定了相关规定：一是确立目标定位，明确本市按照政府引导、市场运作原则，扩大保障性租赁住房供给，优化供需适配、租期稳定、租金优惠、公共服务配套的支持政策，发挥保障性租赁住房在租赁市场中的示范引领作用；二是加强规划布局，明确编制专项规划，要求在租赁需求集中、生产生活便利、交通便捷的区域予以重点布局；三是对保障性租赁住房的户型配置、服务配套、财税金融支持等做出原则性规定，将利用非居住存量房屋改建保障性租赁住房等重点筹措方式写进法规，加强保障性租赁住房发展的法治保障。

3）聚焦管理中的关键环节、突出问题

保障性租赁住房由于有政策优惠，与市场有价差，针对曾少量出现的违规使用、转租等行为，还有企业将单位租赁住房通过签订超长期租约，以租代售等。在现实处理处罚过程中，由于没有法规的保障，对这些问题定性难、处罚难。

《条例》制定中坚持问题导向，聚焦保障性租赁住房租赁管理中的关键环节、突出问题，加大立法支撑力度。在承租人管理方面，重点聚焦虚假申请、拒不腾退、转租转借等常见多发违规行为作出禁止性规定；在出租企业管理方面，重点聚焦按规定程序向符合条件的对象出租、严格执行租金备案价和不得变相出售（以租代售）等核心管理要求，作出约束性规定。同时，结合《条例》对住房租赁市场的整体规范，在租赁合同网签备案、中介机构不得为保障性租赁住房转租提供经纪服务等方面，也给出了明确、具体的规定。

《条例》严格设置罚则，有力保障和提升保障性租赁住房管理执法效果。《条例》对保障性租赁住房承租人的违规行为，视情节轻重设置了5000元至10万元不等的罚款，以及并处没收违法所得、按照市场价格补缴租金、禁止五年内再次申请保障性住房等处罚；对保障性租赁住房出租企业的违规行为，视情节轻重设置了最高可达100万元的罚款，以及并处没收违法所得、暂停网上签约服务等处罚。

4）突出保障性租赁住房对租赁住房的引领作用

《条例》制定遵循的基本思路：一是践行人民城市重要理念，贯彻落实中央"房住不炒、租购并举"的定位和方向，突出住房的民生属性；二是积极发挥地方性法规的顶层设计、制度引领、规范保障作用，处理好服务与监管、租赁管理与社会治理的关系，回应和破解住房租赁管理中的问题、难题。

保障性租赁住房在《条例》中虽然进行单章规定，但由于其属于租赁住房，适用于租赁住房的所有的一般规定，要求市场化租赁住房做到的，保租房要率先做到，包括依托"一网通办""一网统管"平台、租赁合同网上签约、租赁经营企业行为规范等。

专栏：《上海市住房租赁条例》第四章保障性租赁住房

第三十一条　本市按照政府引导、市场运作原则，加快发展保障性租赁住房，扩大供需适配、租期稳定、租金优惠、公共服务配套的保障性租赁住房供给，有效缓解特定群体的住房需求，切实发挥保障性租赁住房在租赁市场中的示范引领作用。

第三十二条　市住房城乡建设管理、房屋管理部门会同市规划资源部门编制本市保障性租赁住房专项规划，明确发展目标和规模、空间布局、房源筹措渠道、建设要求、保障措施等内容。

保障性租赁住房重点在新城等人口导入区域、高校园区、产业和商务商业集聚区、轨道交通站点周边等租赁需求集中、生产生活便利、交通便捷的区域进行布局。

商业办公、旅馆、厂房、仓储、科研教育等非居住存量房屋改建为保障性租赁住房的，按照国家和本市有关规定实施。

第三十三条　本市针对不同层次需求，建设住宅型、宿舍型保障性租赁住房，其中住宅型保障性租赁住房以小户型为主。

保障性租赁住房实行全装修，配备必要的基本生活设施，并充分考虑承租人需求特点，合理配置公共服务和商业服务设施，适当增加公共活动和共享空间。

第三十四条　本市加强保障性租赁住房管理，合理设置准入条件和退出机制、优化申请审核流程、完善配租使用规范，通过住房租赁平台实现准入、使用、退出的全流程管理。

第三十五条　租赁保障性租赁住房，应当遵守下列规定：

（一）申请人按照本市有关规定提交申请材料，不得提交虚假材料；

（二）租赁合同终止时，承租人及时将房屋返还出租人；

（三）不得将保障性租赁住房转租、出借。

任何单位和个人不得为保障性租赁住房申请人出具虚假证明材料。

第三十六条　保障性租赁住房出租人应当按照规定程序，向符合准入条件的申请人出租保障性租赁住房。

保障性租赁住房不得销售、变相销售。

第三十七条　保障性租赁住房出租人应当以低于同地段同品质市场租赁住房的租金水平确定租赁价格，向区房屋管理部门备案，并向社会公布。列入政府定价目录的保障性租赁住房，租赁价格按照本市相关规定执行。

保障性租赁住房租金不得高于备案的租赁价格，并应当按月或者按季度收取；收取的押金不得超过一个月租金。

除承租人另有要求的，保障性租赁住房租赁期限不得少于一年。租赁期限届满，承租人符合规定条件并申请续租的，应当予以续租。

第三十八条　支持利用住房公积金计提的相关资金按照国家和本市有关规定，用于相关保障性租赁住房建设、供应。

在法律层面，《条例》体现了市场与保障并重的租赁住房市场发展思路，在促进住房租赁市场平稳健康发展的同时，加快发展保障性租赁住房，按照政府引导、市场运作原则，确定制度定位，编制专项规划，明确建设和管理要求，构建"规、建、管、服"一体化的制度体系，推动实现供需适配、租期稳定、租金优惠、公共服务配套的政策目标，充分发挥保障性租赁住房在住房租赁体系中的示范引领作用。

第二章
Chapter 2

高标准规划：把最好的资源留给人民
High-Standard Planning: Leaving the Best Resources to the People

编制发展规划，是发展好保障性租赁住房的基础性工作。上海保障性租赁住房专项规划（图2-1），既是一个蓝图，更是一个实施方案。上海2021年先行启动专项规划工作，通过专家座谈、部门协同、市区联动的方式明确了上海保障性租赁住房的目标要求、供应总量、供应渠道、

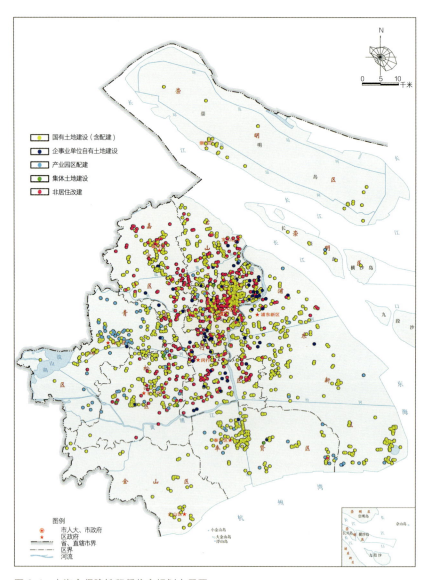

图2-1 上海市保障性租赁住房规划布局图

空间布局和保障机制等。具体规划落实坚持空间引导、职住平衡，相关规划衔接、项目选址合理，公共配套完善，确保空间品质提升。

保障性租赁住房专项规划是在充分考虑供应衔接需求的基础上制定的，相关课题研究分别对新市民、青年人的租赁需求作了调查，了解他们对保障性租赁住房的具体需求，同时也对基层公共服务人员的一张床需求作了专题调研。在此基础上，重点考虑中心城区供不应求、产业园区租赁住房供应不足、保障性租赁住房社区周边公共配套滞后等问题，制定上海"十四五"期间供需衔接的规划方案，并通过排摸各区人口租赁需求、存量房源供应能力，分别制定未来新增供应目标，从有效供应目标上来达到保障性租赁住房的供需匹配。

通过新出让国有土地新建和配建、利用企事业单位自有土地建设、利用产业园区配建用地建设、利用集体经营性建设用地建设、利用非居住存量房屋改建租赁住房等多种筹建模式，上海正在快速有效形成大规模保障性租赁房源的供应。

上海将保障性租赁住房的建设供应与中心城区低效存量房屋和土地再利用的更新改造工程相结合；将保障性租赁住房的供应与浦东新区和主城区产业集聚重点区域的产业转型升级、高素质人口的安居工程落地相结合；将保障性租赁住房新建项目更多放在五个新城区域，助力新城的产业和人口导入。保障性租赁住房高品质的建设供应，不仅对租赁市场起到引领示范作用，同时也有助于租住区域职住平衡的空间优化。

保障性租赁住房规划要求营造有归属感和认同感的宜居环境，在房型设计上倡导提供小户型、全功能、悦生活和低租金的多样化选择；在社区环境上提出要提供更多样化的公共空间，包括运动场地、文化活动室、生活服务店等，打造亲切、舒适的居住小环境；在街道融合方面，倡导构建开放式街区和 15 分钟社区生活圈，提出融入城市网格化管理和社区共建的服务圈。

Working out the high-standard development plan is the basis for promoting the construction of affordable rental housing. Shanghai's affordable rental housing plan is not only a blueprint, but also an implementation plan. In 2021, Shanghai launched a working plan at first, and clarified the objectives and requirements such as the total supply amount, supply channels, spatial layout and guarantee mechanism of affordable rental housing through experts discussion, departmental coordination and linkage. The implementation of specific plan adhered to spatial guidance, balance between working and housing, coordinated relevant planning, reasonable project site selection, and perfect public supporting facilities to ensure the improvement of spatial quality.

It should increase effective supply of the total amount of affordable rental housing, and predict reasonably the total scale and zoning index of Shanghai's rental housing in 2035. Structurally, various housing types should be encouraged and advocated to meet the diverse living needs. In spatial layout should be scientific and reasonable starting from the dimensions of population distribution, rental demand, transportation, industrial security, and supporting facilities, guiding the development strategy of affordable rental housing with one district, one map and one book. In terms of implementation, the guarantee mechanism should be well established, including the clear supply management list and project identification methods, the improvement of supporting management rules, land support policies, tax incentives and financial support policies.

The supply plan of affordable rental housing is formulated on the basis of full consideration of the demand. A special survey on the rental needs of new citizens and young people has been conducted to understand their specific needs for affordable rental housing. Meanwhile, it also conducted a special survey on the bed needs of public service personnel, including the demand characteristics of sanitation workers, delivery boys, industrial workers and other groups. On this basis, Shanghai focused on the shortage of supply in the central urban area, the insufficient supply of rental housing in industrial parks, and formulated the plan for matching supply and demand during the "14th Five-Year Plan" period. By arranging the population rental demand and the supply capacity of existing housing, each district will further formulate and implement the effective supply target in the future, so as to achieve the supply and demand matching of affordable rental housing.

Shanghai is forming rapid and effective large-scale affordable rental housing with more measures and multiple channels, through new construction on state-owned land and fitted construction, enterprises and institutions own land construction, industrial parks with fitted land construction, the collective land construction, the non-residential stock housing converted into rental housing and other preparation mode.

The centralized construction of new affordable rental housing on newly leased state-owned land, is the main form of new supply in Shanghai's future. It can not only effectively balance the supply and demand relationship of rental housing, but also help to ensure the supply with high quality, stability and long-term.

For the purpose of the public bidding, auction and listing, no less than 5% of the commercial housing should be transferred to the government as affordable housing for free, meanwhile, no less than 15% of the commercial housing needs to be self-owned for leasing business. At present, all the self-owned housing sources are under the unified management of Shanghai's affordable rental housing system.

Under the condition in accord with the planning, ownership unchanged, meeting the security requirements, public services and transportation facilities affordable, and respecting the people's will, Shanghai allows enterprises and institutions to use their own land for the construction of affordable rental housing for the staff, including scientific research institutes, hospitals, higher education institutions, large state-owned enterprises.

Shanghai encourages industrial parks to make overall planning, following the principle of production determined by demand, balancing working and housing, according to the spatial layout, industrial status, environmental safety, enterprise positions and employee needs, supporting the construction of dormitories mainly on non-residential construction land at 15% .

Shanghai supports districts in making the overall use of collective construction land close to industrial parks or areas with convenient transportation on the premise of meeting the planning, registering in accordance with the law, having clear ownership, earnestly respecting the wishes of farmers and protecting farmers' collective rights and interests.

According to the Shanghai policy, eligible non-residential housing such as commercial, office, industrial, storage, scientific research and education, can apply for reconstruction into affordable rental housing.

The spatial layout of affordable rental housing projects adheres to the planning principle of balancing working and housing, matching supply and demand. Shanghai combines the construction supply of affordable rental housing with the renewal and reconstruction project of inefficient stock housing and land reuse in the central city, combines the supply of affordable rental housing with the Pudong New Area, the key industrial agglomeration areas and the implementation of high-quality population, places the new affordable rental housing projects in the five new towns to facilitate leading-in the industry and population.

In 2014, the first World City Day Forum held in Shanghai, the basic concept of "15-minute community living circle" was put forward. The *Shanghai 15-minute Community Living Circle Planning Guidelines* released in 2016, proposed to build a basic unit of community life, which can be equipped with basic service functions and public activity space needed for life within 15 minutes of walking range. The affordable rental housing community is an important part of the residential community. It also advocates building a networked, barrier-free and functional complex public activity network with a 15-minute community living circle as the platform, and building a community suitable for living, working, traveling, learning and raising.

第一节
Part 1

宜居安居的规划引领
Planning and Guidance for Livable and Comfortable Living

1. 规划先行

在 2021 年 9 月，全国保障性租赁住房政策出台不久，上海即启动了编制上海市保障性租赁住房专项规划工作。通过规划设计好未来上海保障性租赁住房建在哪、谁来建、怎么建等。

（1）专家座谈

2021 年 11 月 2 日，上海召开保障性租赁住房工作方案专家意见征询会，邀请了全国政协委员、市政府参事、高校规划专家、企业和政府管理部门专家进行座谈，专家分别从国际经验、规划定位、规划指标等角度提出了有价值的建议。

（2）部门协同

为提高规划编制和后期实施的效率、提高规划的针对性和科学性，规划采取了多部门协同编制的方法。专项规划由上海市住房和城乡建设管理委员会、上海市房屋管理局牵头，会同上海市规划和自然资源局编制，上海市国资委、上海市经济信息化委共同参与讨论形成工作方案、明确具体工作任务。

（3）市区联动

市级规划编制单位积极与区级房管、规划资源等部门逐一专题衔接，引导各区摸清底数，结合土地出让计划等，积极策划和筹备保障性租赁住房房源，提供各区保障性租赁住房规划项目清单。

如普陀区位于中心区域，编制"十四五"期间保障性租赁住房实施表的过程，主要分为三个步骤。第一步主要是对全区指标拆解，盘点"十三五"

期间全区已有租赁住房项目底账。第二步是会同区规划资源局对全区"十四五"期间整个新出让国有土地情况进行计划排摸。在存量土地稀缺，无法完全通过新出让国有土地完成配建租赁住房的情况下，通过将非居住存量用地改变土地性质转为 Rr4，充分盘活既有非居住存量用地资源，在此过程中，区规划资源局主动对接市规划资源局，寻求政策支持。第三步是针对整个"十四五"期间项目，根据要求形成实施计划，并编制成图。

（4）专业编制

上海市规划院和上海市房科院联合完成全市保障性租赁住房的规划编制，按照"现状评估－趋势研判－目标策略－行动计划"的路线图，在对现状上海保障性租赁住房建设情况评估分析的基础上，提炼住房租赁体系建设成效与需要进一步解决的主要问题；通过借鉴全球城市的相关规划和成功案例经验，根据新形势、新环境对"租购并举"的住房体系提出的新要求，统筹上海人口特征及发展趋势、资源现状和承载能力、自身发展阶段和转型要求等因素，针对保障性租赁住房总体规模供给、多渠道供应结构、差异化的住房空间布局引导、高品质的设施配套和针对性的制度保障等内容，立足战略角度，明确上海至 2035 年保障性租赁住房的总体目标、空间格局、发展任务和主要举措，强化规划的战略引领、目标传导和精准实施（图 2-2）。

目标上要体现最高标准。深化"建立多主体供给、多渠道保障、租购并举的住房制度"的总体目标，落实"上海 2035"总体规划和《上海住房发展专项规划（2018-2035）》（简称"住房专项规划"），提出至 2035 年的保障性租赁住房规划目标，并细化形成顶层目标导向下的分类指标体系和实施策略，形成"目标－指标－策略"的完整体系。指标体系的设置上，注重体现规模、结构、空间布局等关键要素，做到可实施、可监测、可评估、可考核。

总量上要增加有效供应。针对上海未来人口发展趋势，依据"上海 2035"总体规划和住房专项规划，基于需求导向、供给导向和国际对标导

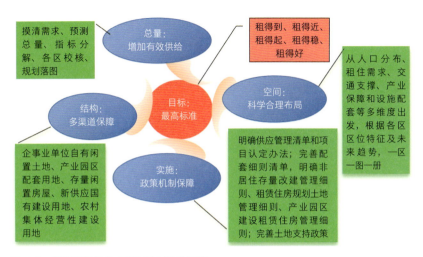

图 2-2　保障性租赁住房规划编制总体思路

向,摸清保障性租赁住房需求,多方案合理测算保障性租赁住房供给总量规模;根据浦东新区和郊区各区总体规划、中心城单元规划、五个新城城市设计,分解各区保障性租赁住房规模,并与各区上报规模、位置数据相校核,最终合理预测2035年全市保障性租赁住房的总量规模与分区指标。

结构上要多渠道保障。针对上海未来人口结构特征和生活方式的转变,鼓励和倡导保障性租赁住房类型的多样性,利用企事业单位自有闲置土地、产业园区配套用地和存量闲置房屋、新供应国有建设用地和农村集体经营性建设用地等多渠道供给,以满足"新市民"群体多样化的居住需求。

空间上要科学合理布局。结合全市城乡空间发展导向,从人口分布、租住需求、交通支撑、产业保障和设施配套等多维度出发,形成2035年全市保障性租赁住房空间布局引导图。既明确了新增保障性租赁住房土地,又摸清了存量土地、房屋资源情况,结合现有租赁住房供求和品质状况,从实际出发,采取新建、改建、改造和将政府的闲置房用作保障性租赁住房等多种方式,切实增加供给。同时,根据各区区位特征、现状特点及未来趋势,差异化引导保障性租赁住房发展策略,形成一区一图一册,指导各区保障性租赁住房规划与建设。

实施上要做好政策机制保障。一是明确保障性租赁住房供应管理清单和项目认定办法,加快推进近期建设项目的规划调整及图则更新。二是完善保障性租赁住房配套细则清单,明确非居住存量房屋改建租赁住房管理细则、租赁住房规划土地管理细则、产业园区工业项目配套建设租赁住房管理细则等。三是完善保障性租赁住房的土地支持政策、降低税费负担和加强金融支持等。

2. 目标愿景

(1) 一个总目标:让新市民、青年人宜居安居

把人民对美好居住生活的向往作为奋斗目标,全面落实中央"加快建立多主体供给、多渠道保障、租购并举的住房制度"的决策部署,以更高标准、更好水平、更快速度推进保障性租赁住房发展,实现保障性租赁住房规模合理、结构多元、空间适配、品质宜居,缓解住房租赁市场结构性供给不足,助力新市民、青年人"租得到、租得近、租得起、租得稳、租得好",让新市民、青年人享有品质生活,感受城市温度,增强归属认同(图 2-3)。

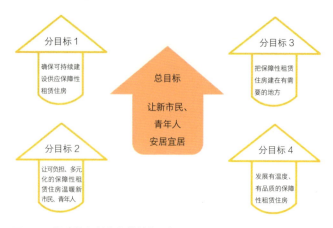

图 2-3 保障性租赁住房的总体目标

(2)四个分目标

分目标1——确保可持续建设供应保障性租赁住房

顶层设计，规划引领，把大力发展保障性租赁住房作为"十四五"住房建设的重点任务，与新市民、青年人需求相匹配，合理确定上海至2035年保障性租赁住房建设筹措总量，分区差异化落实任务，切实增加房源供应规模，至"十四五"期末，累计建设筹措保障性租赁住房60.7万套（间）。

分目标2——让可负担、多元化的保障性租赁住房温暖新市民、青年人

政府引导、市场运作，通过新建、配建、改建、转化等途径持续优化房源筹集渠道，加大增量、盘活存量，更多更快地供应房源。丰富一张床、一间房、一套房的供应类型，满足多层次租住需求，积极打造小户型、低租金、全功能、悦生活的保障性租赁住房，推动形成更为合理的住房供应结构。

分目标3——把保障性租赁住房建在有需要的地方

优化布局，职住平衡，差异化引导保障性租赁住房空间布局，浦东引领、中心辐射、两翼齐飞、新城发力、南北转型，重点在五个新城轨交站点600米以内、基础设施配套较好、职住平衡需求突出区域布局房源，引导产城人融合、人地房联动，更好地与重大战略实施、产业布局优化、城市空间战略发展、重大基础设施配套衔接。

分目标4——发展有温度、有品质的保障性租赁住房

规范治理，精细管理，持续提升保障性租赁住房及社区治理水平，进一步强居住品质、强综合功能、强公共配套、强服务管理，助力建设15分钟社区生活圈，使租赁居住生活更富魅力、更有温度、更具吸引力。

3. 规划原则

（1）坚持空间引导、职住平衡

保障性租赁住房布局在高校及科研院所周边、科创园区、产业集聚区、商业商务集聚区，以及交通枢纽地区（含轨交站点周边）等交通便捷、就业岗位分布密集、生产生活便利、租赁住房需求集中的地区，优先选取环境污染较小、用地规模较大的土地。产业园区配建和集体土地建设的保障性租赁住房，紧邻产业园区等就业集聚区。使新市民、青年人的出行、生活、就业更加便捷。

例如临空 9-1 租赁住房项目位于长宁区临虹路、协和路临空经济园区内，是长宁区第一批完成认定的成规模新建类保障性租赁住房项目（图 2-4）。

项目周边产业密集，紧靠多家经济商业园区，对区域职住平衡、人才引进、经济发展起到积极的推动作用。项目设计初期多次对目标人群进行调研，通过了解其实际住房生活需求，从而设计出布局合理、交通便捷、生活轻松愉悦的租赁住房小区，利用开放式布局及共享空间，提升入住者的归属感、满足感、幸福感。项目建成后可供应 375 套保障性租赁住房房源，并提供约 1500 平方米的社区配套服务设施，以开放和共享作为设计理念，注重人文环境对于入住者的生活体验。

在区人才部门的大力支持下，临空 9-1 租赁住房项目已于 2022 年完

图 2-4 临空 9-1 保障性租赁住房项目

成人才公寓认定工作。区房屋管理局主动帮助项目运营企业排计划、列清单、整流程、定标准，推进该项目建设进度，助力该项目尽快上市供应，更好地服务虹桥国际枢纽内的企业和人才，旨在让更多更好的企业和人才住在长宁、留在长宁。

再如普陀区位于中心城区，新出让国有土地集中建设保租房项目的资源有限。桃浦智创城是普陀区高能级产业集聚的地区，是"以产兴城"、牵引赋能的重点转型城区。桃浦智创城以长三角产业需求为牵引，已经引入德爱威、睿创微纳、苏伊士新创建、乾贝生物、螳螂慧视等一大批企业，同时设立高能级联合研发机构和创新平台，吸引了一批具有竞争力的总部型企业、新兴领域龙头型企业进驻，正在推动新兴产业集约集聚发展。为了服务于桃浦智创城地区，做好产城融合、职住平衡，普陀区将新建保障性租赁住房项目选址围绕桃浦智创城地区开展，除了在桃浦智创城内建设若干保障性租赁住房项目外，在周边桃浦科技智慧城、桃浦镇邻近区域都有保障性租赁住房项目建设，且不少于5个，以上新建项目建成以后，将累计提供约3500套（间）保障性租赁住房，辐射整个以桃浦智创城为重点的桃浦地区（图2-5）。期望守护好这片热土上

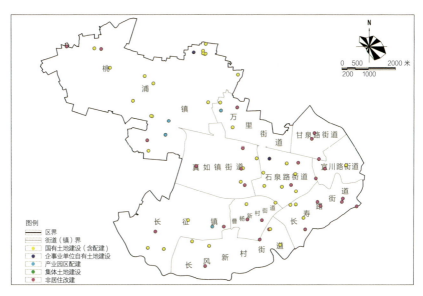

图2-5 普陀区"十四五"期间保障性租赁住房项目空间分布图

的创业热情，为创业者提供宜业、宜居、宜游、宜学、宜养的配套空间，让高质量发展与高品质生活相辅相成。

（2）衔接相关规划、选址合理

将地块与上位规划（区总规、单元规划、控制性详细规划和郊野单元村庄规划等）充分衔接，充分研判地块区位和周边配套设施情况，确保规划选址的合理性与可实施性。

一是除利用集体土地建设保障性租赁住房外，其余新增和改造的保障性租赁住房选址均位于城市开发边界内。二是保障性租赁住房选址地块可结合地铁上盖开发，或结合可复合利用的公共服务设施规划建设。三是针对规划用地性质为城市发展备建用地的地块，在优先满足地区公益性公共服务设施需求的情况下，听取相关文化、体育、卫生、养老等主管部门意见，可调整用地性质为保障性租赁住房用地。四是城市开发边界内的现状用地性质为工业仓储等用地的，建议先开展环境影响评估，在符合环保安全要求的前提下，可调整用地性质为保障性租赁住房用地。鼓励产业园区加强统筹规划，经市或区相关部门联合认定，可在规划产业基地，以及除中心城、主城片区、新城外的产业社区中，统一建设宿舍型保障性租赁住房。

（3）完善公共配套，确保空间品质

结合保障性租赁住房规划规模和类型，按照15分钟社区生活圈建设要求，合理配置单元内公共配套服务设施。已批控详规划住宅建筑规模总量不变，将住宅转为保障性租赁住房的，公共服务设施配套不需增设。已批控详规划基础上增加保障性租赁住房，或由其他类型功能调整为保障性租赁住房的，需按新增保障性租赁住房规模增设除公园绿地、养老福利设施、行政办公设施外的各类公共服务设施，增设的公共服务设施应符合相关配置标准，其中产业园区配建的宿舍型保障性租赁住房可按需配置公共服务设施。

第二节
Part 2

供需衔接的规划目标
Planning Objectives for Matching Supply and Demand

1. 供需课题调查

2022 年，上海师范大学房地产与城市发展研究中心课题组对相关产业园区职工和其他新市民、青年人进行随机问卷调查，重点了解被调查人对保障性租赁住房关注的内容。

（1）被调查对象特征

被调查对象以新上海人为主，占 80.2%，其中，仍为外省市户籍的占 68.0%，到上海工作后取得上海户籍的占 12.2%（图 2-6）。

被调查对象以青年人为主，其中 35 岁以下的占 61.2%，25～35 岁之间的青年人约占 57.2%（图 2-7）。从学历分布看，大学本科以上学历的占 55.1%。被调查人的家庭人均月收入主要集中在 6000 元以上，占 73.3%，6000～10000 元的占 35.8%，10000 元以上的占 37.5%（图 2-8）。被调查对象中，未婚人口占 66.1%，已婚人口占 33.9%。

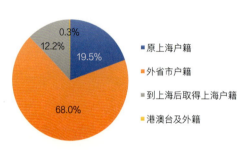

图 2-6 被调查对象户籍情况

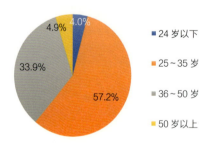

图 2-7 被调查对象年龄分布

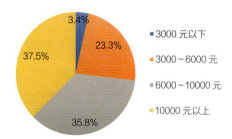

图 2-8 被调查对象家庭人均月收入分布

（2）租住意向分析

多数被调查对象都了解保障性租赁住房政策，达 73%。在被调查人群中，正在租住保障性租赁住房的人数占 9%，准备申请保障性租赁住房的人数为 50%。结合被调查者的户籍、收入、年龄进行详细分析，具体如下。

第一，外省市户籍人群对保障性租赁住房的需求最高，达到 72%，其中，10% 的被调查者已经入住，还有 63% 的人群准备申请保障性租赁住房。到上海工作后取得上海户籍的人群中，10% 已经入住，32% 准备申请。原上海户籍人群中，总体需求较少，正在租住及准备申请的仅为 23%（表 2-1）。

不同户籍对象的保障性租赁住房需求　　　　　　　　　　　　　　　表 2-1

户籍情况	正在租住	准备申请	不申请
外省市户籍	10%	63%	27%
到上海工作后取得上海户籍	10%	32%	58%
原上海户籍	2%	21%	77%
港澳台及外籍	0	50%	50%
总计	9%	50%	41%

第二，被调查对象中，呈现收入越低、准备申请保障性租赁住房比例越高的特征。其中，人均月收入 3000 元以下的被调查者中 17% 正在租住，44% 准备申请。而收入在 10000 元以上人群中，不准备申请的人数占比超过一半，达 53%（表 2-2）。

不同收入对象的保障性租赁住房需求　　　　　　　　　　　　　　　表 2-2

收入情况	正在租住	准备申请	不申请
3000 元以下	17%	44%	39%
3000~6000 元	8%	55%	37%
6000~10000 元	10%	59%	31%
10000 元以上	7%	40%	53%
总计	9%	50%	41%

年龄越轻，对保障性租赁住房的需求越大，其中 24 岁以下人群需求占比为 74%，25~35 岁人群需求占比 63%；36~50 岁人群需求占比为 55%（表 2-3）。

不同年龄对象的保障性租赁住房需求　　　　　　　　　　　　　表 2-3

年龄情况	正在租住	准备申请	不申请
24 岁以下	19%	55%	26%
25~35 岁	9%	54%	37%
36~50 岁	8%	47%	45%
50 岁以上	9%	27%	64%
所有人群	9%	50%	41%

第三，申请方式方面，29% 的人希望由单位统一申请，26% 的人希望由自己申请，剩余人群对申请方式没有特殊要求。居住方式方面，多数人希望以家庭方式居住，占 59%；希望单人居住的人群占 34%；希望与朋友合租居住的占 7%（图 2-9）。

第四，租赁时长方面，53% 的人希望租赁居住时长为 5 年以内，31% 的人希望租赁居住时长为 5~10 年，16% 的人希望租赁时长在 10 年以上（图 2-10）。

第五，配套设施方面需求从高到低依次为小超市、公共食堂、洗衣房。其中，73% 的人希望配有小超市，47% 的人希望配有公共食堂，其次为洗衣房、健身房（图 2-11）。

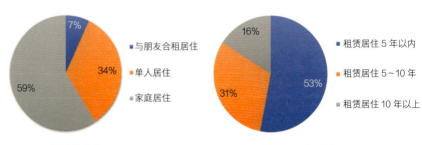

图 2-9　拟居住方式　　　　　　　　图 2-10　拟租赁居住时长

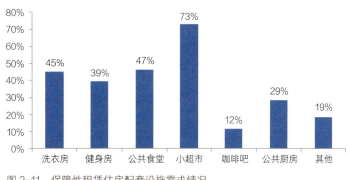

图 2-11 保障性租赁住房配套设施需求情况

在选择保障性租赁住房时考虑的因素方面，关注最多的是租金价格；其次是房间内设施、装修等；其三是周边是否有轨道交通（表 2-4）。

对保障性租赁住房关注方面的排序　　　　　　　　　　　　　　　　　　　　　表 2-4

排序	第1位	第2位	第3位	第4位	第5位	第6位	第7位	第8位	平均排序
租金价格	75.7%	13.4%	4.5%	4.1%	1.0%	0.3%	0.7%	0.3%	1.5
房间内设施、装修等	11.8%	51.0%	18.9%	9.2%	3.8%	3.5%	1.8%	0.0%	2.6
周边是否有轨道交通	8.0%	21.9%	30.9%	8.2%	12.9%	6.9%	5.6%	5.6%	3.7
小区管理服务水平	4.1%	6.3%	23.0%	22.0%	11.3%	15.4%	12.7%	5.2%	4.5
小区内商业配套，购物休闲便利性	6.2%	7.8%	15.0%	28.2%	19.5%	14.5%	4.9%	3.9%	4.3
小区内绿化等居住环境	0.0%	1.3%	7.9%	9.8%	18.4%	24.2%	20.0%	18.4%	5.9
子女入托就学便利性	11.3%	11.4%	13.8%	10.3%	8.7%	6.2%	14.9%	23.4%	4.9
就医看病便利性	1.2%	4.2%	6.8%	14.7%	16.0%	14.8%	22.2%	20.1%	5.7

2. 从"一间房"到"一张床"专题调研

针对宿舍型（床位型）租赁住房市场供应不足问题，上海保障性租赁住房专项规划编制组开展专项调研，主动走访市邮政管理局、市容绿化局等部门，同时联合市经济信息化委产业园区处等部门到园区开展座谈，调研张江、市北、嘉定等园区管委会职工宿舍需求，并结合部分住房租赁企业意见，研究宿舍型（床位型）租赁住房供应的规划目标、重点和布局。在制定"十四五"规划的前期专题研究中，编制组对环卫工人、快递小哥、家政人员、产业工人等人群的租住需求特征、需求的空间分布情况，以及宿舍型（床位型）租赁住房的市场供应状况等，展开调研。

（1）环卫工人

以环卫工人为代表的城市公共服务人群，具有年龄较大、人群较为固定、中低收入的特征，对房屋租金较为敏感，相当部分人群希望能以家庭为单位租赁成套或成间的住房。

据了解，全市使用公共财政从事公厕、垃圾清运、道路清扫等服务的环卫职工总量约5.8万人，其中一线人员5.4万人。7个中心城区环卫人员约为2.2万人，其中外来务工人员占73%，约1.9万人，来自安徽、河南等省份，约1/3拖家带口。

相较而言，中心城区环卫人员的居住矛盾更加突出，租房难、距离远是他们反映的最大生活问题。郊区相对而言租金低、租赁住房来源多，矛盾并不强烈。目前，行业内也在积极摸索，寻找较为稳定的租赁住房解决方案。第一种是以家庭为主，由单位对接租赁公租房；第二种由企业建设集体宿舍；第三种是环卫企业收购、租赁闲置房源改造为宿舍。无论是哪一种，目前都只能解决少数需求，还有大量人员自行解决，主要居住在郊区，每天长时间以电瓶车骑行方式往返于工作场所和居所。

（2）快递小哥

以快递小哥为代表的城市保障运行人群，具有年纪较轻、人群流动性大、中等收入的特征；而且大多数从业人员，基本把快递等职业作为过渡职业，其收入也主要用于积蓄，所以对房屋租金较为敏感，对居住的要求较低。

据了解，邮政、快递（邮政部门表示，不包括美团、饿了么等同城配送业务人员）从业人员约 10 万人，一线投递人员约 6 万～7 万人，其中邮政员占 1/10，人数较为稳定，分布不均衡，职工以单身为主。快递行业现形成"分包中心＋网点"的格局，分包中心主要集中在松江、青浦等园区，工作时间为倒班制，早晚出入时间不固定，职工希望能在园区内以就近租住的方式解决居住问题；网点分布零散，中心城区较多，约有 2000 多家，工作人员约 2 万人，由于商务成本上升，网点出现了向外迁移的趋势，职工希望在网点附近居住。

（3）产业工人

以产业园区工人为代表的就业人群，具有明显的区域分化特性。中心城区产业园区主导产业为第三产业，就业人群学历高、收入较高，年收入一般在 10 万～20 万元，偏好一室户或独户，追求较高的生活品质。

郊区产业园区主导产业含第二、三产业，外来人口是就业人群的主要来源，收入中等。农民住房是主要住房租赁渠道，如嘉定工业北区 8 万外来人员中有 55% 租住在农民自建房。由于租金适当，职工对于床位型宿舍有一定的需求。

园区通过与政府、园区企业进行资源联动，以服务园区企业为核心导向，多渠道解决用人企业住房租赁问题。一是园区自建或筹措的职工公寓，如金山工业区建有宿舍 1258 间，登记入住 2400 余人，出租率为 96%。二是少量大型企业建设职工宿舍，例如昌硕企业职工宿舍入住人口达 5 万～6 万人。三是新建和转化租赁住房，如 Rr4 租赁住房用地出让和建设、商业办公项目转化等。四是部分区域利用农房筹措供应"乡村人才公寓"，如张江科学城。部分园区还提供一定的租金减免、人才租房补贴。

从需求来看，中心城区城市公共服务和保障运行人群至少有 5 万人有租赁需求。按照 921 平方公里的产业园区规划面积，结合园区大型快递企业等需求，保守推算产业园区内或周边新增床位型、宿舍型租赁住房需求约 15 万人。共计约 20 万人有租赁需求。

3. 衔接路径

（1）排摸各区需求

根据第七次人口普查数据、租赁住房现状、土地供应、"十三五"期间已建设筹措数量、新城发力的要求等多个维度状况，规划编制组对各区外来常住人口的租赁住房需求进行测算，同时对重点园区、重点企业、重点公共服务单位的职工租赁住房需求进行排摸，结合各区租赁住房供需现状进行需求测算，确定各区应该承担的保障性租赁住房发展指标任务，并汇总为全市保障性租赁住房发展目标。

奉贤区大居南桥基地保障性租赁住房供需衔接

奉贤区大居南桥基地，规划建筑面积 677 万平方米，计划导入人口 20 万。为满足新增人口、新增产业园产业人口、医院医护人员、学校教职工等的需求，在基地南侧规划三块保障性租赁住房用地，奉贤新城 12 单元 25A-01A 区域地块，规划 796 套保障性租赁住房；奉贤新城 12 单元 26A-01A 区域地块，规划 938 套；奉贤新城 12 单元 29A-02A 区域地块，规划 656 套。在基地北侧规划一块奉贤新城 15 单元 17A-06A 区域地块（图 2-12、图 2-13），规划 1200 套。四个项目累计规划 3590 套。

图2-12 奉贤新城15单元17A-06A地块项目整体效果图

图2-13 项目效果图

（2）排摸资源存量

上海市规划资源部门对可用于建设保障性租赁住房的用地进行了排摸，并组织涉农各区、乡镇开展了农村集体经营性用地建设保障性租赁住房的动员排摸工作。上海市国资委组织市属国企开展了存量土地房屋用于保障性租赁住房建设的动员排摸工作。上海市经济信息化委对全市产业园区的保障性租赁住房需求和可建规模进行了二轮排摸，并与需求的对接分析。经上海市委、市政府常务会议审议，综合确定"十四五"建设筹措目标。

（3）制定新增目标

在土地资源紧约束的条件下，以"小集中，大分散"为导向，确保保障性租赁住房用地供应。根据经济社会发展水平，进一步完善保障性租赁住房供应体系，优化保障性租赁住房建设和供应方式。至"十四五"末，上海规划累计建设筹措保障性租赁住房总量60.7万套（间）、供应40万套（间）（表2-5）。

至2025年上海保障性租赁住房建设筹措目标［单位：万套（间）］ 表2-5

区域	建设筹措总量
合计	60.70
浦东新区	12.88
黄浦	1.17
徐汇	3.18
长宁	1.50
静安	2.34
普陀	3.25
虹口	1.19
杨浦	3.07
闵行	6.99
宝山	3.78
嘉定	5.13
金山	1.01
松江	5.72
青浦	3.53
奉贤	3.03
崇明	0.49
临港	2.44

第三节
Part 3

多种渠道的筹措机制
Mechanisms for Construction through Multiple Channels

1. 新出让国有土地集中新建

上海的保障性租赁住房以新增为主,更有效地平衡了租赁住房的供求关系,更有利于保障新市民、青年人的租赁居住需求,更有利于保障性租赁住房供应的稳定性和长期性。

中建·幸孚公寓松江项目位于上海松江区施园路299弄,邻近G60科创走廊,项目由18栋高层建筑组成,总建筑面积近16万平方米,是松江区租赁住房用地单体面积及租赁间数最大的项目,全产品线覆盖,是生活及商业配套成熟的高品质封闭式社区。供应房源2240套,户型涵盖26~84平方米的一至三居室,精装修、民用水电,配套地下车位1067个、共享空间1350平方米及"邻聚街"商业3244平方米,家具家电一应俱全,拎包入住(图2-14)。

公寓配套5000平方米左右的"悦享云廊",包括1350平方米的共享空间(兼纳共享厨房、健身房、影音区、桌游区、党建活动区等功能),配套3244平方米的"中建·邻聚街"商业(图2-15)。

新建社区的一大特色是严格执行绿建住宅标准,绿地率达35%以上,与普通商品住房社区相同,让租住与自有住房居住的体验完全相同,有效满足了周边产业园职工的住房需求,并促进了职住平衡(图2-16)。

图2-14 中建·幸孚公寓松江项目实景图

图 2-15　中建·幸孚公寓松江项目配套设施

图 2-16　社区活动——幸孚农庄采摘

2. 新出让国有土地配建

根据相关政策要求，采取公开招、拍、挂方式取得的新出让商品住房用地，继续配建不少于 5% 的保障性住房，需无偿移交政府，主要用作公共租赁住房，全部纳入上海市住房保障体系；继续配建不少于 15% 的自持租赁住房，目前全部纳入上海市保障性租赁住房体系统一管理。以上 5% 和 15% 的配建要求，在土地出让合同中都事先约定。为了有利于保障性租赁住房项目合理规划，上海灵活配建政策，鼓励各区拿出新规划居住用地，统筹集中实施保障性租赁住房配建，即原来商品住房项目需要按 15% 配建的自持租赁住房可集中安排 Rr4 租赁用地建设，作为保障性租赁住房供应。集中配建用于统筹的保障性租赁住房用地原则上应先于商品住房供地或同步供地。"十四五"期间，全市通过新出让国有土地新建、配建保障性租赁住房预计达到 31 万套（间）以上。

中海友里虹桥国际公寓配建了 15% 的自持租赁住房（图 2-17）。2022 年 11 月，配建的自持租赁住房纳入保障性租赁住房管理。项目距虹桥枢纽约 1.5 千米，南邻北翟高架，西邻外环高架，距轨交 2 号线淞虹

图 2-17 中海友里虹桥国际公寓项目整体实景图

路站1千米，地面和轨交交通条件便利；1站地铁就可达虹桥国际机场，日常通勤、商务出差、生活休憩极为便利；项目周边商业配套较齐全，包括建滔商业广场、凌空SOHO、北新泾第三小学、复旦中学（西部校区）、上海李文斯顿美国学校、金钟路幼儿园等。

项目总建筑面积约5059平方米，可提供154套保障性租赁住房，房型均为31～33平方米的一居室，私享景观阳台及独立厨房，户型方正，配有品质家居。该项目与长宁区临空经济园区相邻，入住对象多为临空经济园区的海归留学生，其中包括携程、拼多多、博世等区内重点企业的员工，因此该项目被认定为长宁区人才公寓，定位为舒适社交型公寓。

3．利用企事业单位自有土地建设

在符合规划、权属不变、满足安全要求、公共服务和市政交通等配套设施可承载、尊重群众意愿的前提下，经市或区相关部门联合认定，上海允许企事业单位利用自有土地建设保障性租赁住房，原有工业用地可变更规划用途为四类住宅用地（Rr4），之后签订土地出让补充合同，按照规划重新约定各类规划参数、土地使用期限、开竣工时间、物业持有、违约处置等全生命周期管理要求，无需补缴土地价款。原划拨土地，如果用于保障性租赁住房建设，可继续保留划拨方式。与此同时，上海鼓励科研院所、医院、高等教育院校、大型国有企业等单位利用自有土地配套建设保障性租赁住房，定向供应本单位、本系统符合条件的职工。

晨光文具职工宿舍项目位于上海市奉贤区，由晨光集团利用自有工业用地建设，租赁住房建筑面积1.3万平方米，宿舍780间，用于晨光文具企业内职工居住（图2-18）。项目有4人间、2人间、单人间，以及夫妻房。

图 2-18　上海奉贤区晨光文具职工宿舍一期项目实景

晨光公司将该项目视为留住人才、稳定经营的重要保障。晨光集团在宿舍区配建了食堂和体育馆，设立了专门的资产管理部门，有规范的物业维护所需物资的采购、日常物业维护保养、住宿人员安全管理等系列规章制度。为了支持晨光集团扎根上海奉贤，2017 年奉贤区又批准了晨光宿舍二期项目的认定，项目建筑面积 2.06 万平方米，宿舍 602 间。目前企业房源供应基本满足需求，宿舍管理井然有序，极大保障了员工的安居需求，企业员工流失率较低。

4. 利用产业园区配套用地建设

上海坚持利用产业园区配套用地建设保障性租赁住房，遵循以需定建、职住平衡的原则，根据产业园区的空间布局、产业现状、环境安全、企业岗位、职工需求、现有保障性租赁住房数量等情况,形成以园区集中建设为主、企业自行建设为辅、非居住存量改建为补充的发展模式。上海鼓励各产业园区加强统筹规划,经市或区相关部门联合认定,可在规划产业基地,以及除中心城、主城片区、新城外的产业社区中,统一建设宿舍型保障性租赁住房。产业园区也可以集中园区中的配套建设用地建设,超过15%配建指标的保障性租赁住房项目用地,可以在变更土地用途为四类住宅用地(Rr4)后,采取定向挂牌、协议出让或租赁等方式支持供应。"十四五"期间,全市计划通过产业园区配套建设保障性租赁住房达到2万套(间)。

如四团临港产业片区的海港开发区65-01区域地块(未来公寓)项目(图2-19),位于奉贤区四团镇港乐路,同时属于临港新片区,紧邻两港大道西延伸段。项目总建筑面积约20万平方米,有1944套保障性租赁住房。

项目自配约8000平方米商业空间,同时周边商业配套较齐全,包括蓝湾天地、海港商贸城等。项目所在的海港开发区,作为奉贤及临港地区唯一区域级枢纽,在临港新片区辐射带动下,立足打造先进制造核心承载区的功能定位,坚持聚焦"未来空间"主导产业,已落地多家优秀企业。未来公寓项目的建成和入市供应,将更好地服务于区域内的相应企业,解决城市新市民、青年人的住房问题。

图2-19 未来公寓项目套内装修效果图

5. 利用集体经营性建设用地建设

上海支持各区在符合规划、依法登记、权属清晰、切实尊重农民意愿、保障农民集体权益的前提下，统筹利用城区、靠近产业园区或交通便利等区域的集体经营性建设用地建设保障性租赁住房。早在 2010 年上海就探索在集体经营性建设用地上支持村集体组织利用闲置建设用地自建、自营单位租赁住房项目。在满足乡村风貌保护、区域高度控制等条件的情况下，存量集体经营性建设用地可以按规划重新设定土地用途和开发强度，依法实施转型利用，发展保障性租赁住房。农村集体经济组织可以通过自建或以土地使用权入股、联营等方式与社会资本合作建设运营保障性租赁住房，稳妥推进集体经营性建设用地出让等方式建设保障性租赁住房。建设保障性租赁住房的集体经营性建设用地使用权可以办理抵押贷款。

香花桥居住社区位于青浦区香花桥街道，是集体建设用地通过改扩建，用于外来务工人员居住的宿舍型租赁房社区（图 2-20）。项目总建筑面积 1.78 万平方米，宿舍 276 套，由 1～20 号单位租赁宿舍楼和沿池泾浜路、新高路的商业房共同组成。项目只租不售，村委委托其他公司建造和经营。

图 2-20 香花桥居住社区

该项目所在的香花桥街道，位于青浦区南端。市级开发区——青浦工业园区坐落在香花桥，优越的地理位置条件、便捷的交通使得众多企业落户于此，曾被称为上海工业的"后花园"、创业就业的"大本营"。香花桥居住社区项目大多包租给快递员、保安所在的劳务公司，租金低廉，物业管理规范，周边企业劳务用工需求很大，项目常年满租。

6. 利用非居住存量房屋改建

对于商业、办公、工业、仓储、科研教育等非居住类存量房屋，上海政策规定，符合条件的可申请改建为保障性租赁住房。用作保障性租赁住房期间，不变更土地使用性质、不变更土地使用年限、不补缴土地价款。同时，上海严守改建项目的安全底线，确保房屋结构安全、消防安全、治安管理规范，要求改建项目竣工验收时应具备良好的卫生、通风、环保和采光条件；应符合规划原则、功能定位和产业发展等要求，体现职住平衡的导向，满足基本公共服务和市政交通配套设施要求，原则上应重点在高校及科研院所周边、科创园区、产业集聚区、商业商务集聚区，以及交通枢纽地区（含轨交站点周边）等交通便捷、生产生活便利、租赁住房需求集中的相关区域开展和实施。改建为保障性租赁住房的非居住存量房屋应具有适当规模，最小规模原则上不少于50套（间）；若为每间设置多张床位的宿舍类项目（多人宿舍型），则最小规模原则上不少于200个床位。

新杨公路1666号润材实业（上海）有限公司闲置厂房改建项目位于临港新片区新杨公路1666号，地下1层、地上12层，租赁宿舍总建筑面积2.29万平方米，建筑占地面积约2500平方米（图2-21）。

因层高只有3.2米，原厂房无法满足生产性企业要求。为盘活存量资产，在符合规划原则，与区域规划、专项规划相协调，权属不变，满足安全要求的情况下，企业将厂房委托给专业酒店公寓管理公司——上

图 2-21　润材实业（上海）有限公司闲置厂房改建项目

海景润实业有限公司建设管理，闲置厂房转型升级改建为宿舍型保障性租赁住房。

项目已于 2023 年 1 月完成改建竣工联合验收，目前已改建 451 间宿舍，每间约 40 平方米。公寓有丰富的配套设施，如食堂、健身房、超市、小吃店、菜鸟驿站、奶茶店等（图 2-22）。项目服务于周边园区多个企业，包括向特斯拉等超大企业提供员工住宿（图 2-23）。

2021 年国家出台保障性租赁住房政策后，上海市委、市政府高度重视，积极落实，举全市之力加快推进，跑出了保障性租赁住房发展加速度。"十四五"期间，全市计划新增建设筹措保障性租赁住房 47 万套（间）以上；到"十四五"期末，全市累计建设筹措保障性租赁住房总量 60 万套（间）以上，其中形成供应 40 万套（间）以上。

截至 2022 年底，全市已累计建设筹措保障性租赁住房（含公共租赁住房、单位租赁房）38.5 万套（间），达"十四五"期末规划量的 64%；累计供应 22 万套（间），达"十四五"期末规划量的 55%。

图 2-22　宿舍及内部食堂、娱乐设施

图 2-23　项目入住企业员工合影

第四节
Part 4

职住平衡的空间布局
Spatial Layout of Working-Housing Balance

1. 加快中心城区低效存量房屋和土地利用

中心城区保障性租赁住房的筹措方式，以存量房屋和土地再利用为重点，围绕中央活动区、商务集聚区等就业人口高密度地区及租赁住房供需矛盾突出的地区，结合区域产业结构调整、城市有机更新，盘活存量房屋资源，增加保障性租赁住房供给。至2025年，中心城区（7个区）规划保障性租赁住房15.7万套（间），占全市总量的26%。

西堤＆爱居公寓位于市中心区黄浦区半淞园路上，租赁住房总建筑面积约2740.63平方米，可提供双人间、四人间及六人间等各类房型73间，共计375张床位。该项目将存量房屋部分楼层整体改建为"宿舍型"公寓。一楼门厅设有刷卡和人脸识别门禁，每间房屋均配备独立卫生间，整体配套有活动公区、洗衣房、晾晒区、公共厨房等功能区域。"安全、舒适、宜居"的配置，满足了入住者日常生活的需求，也让入住者有了家一样温暖的感觉（图2-24）。

图2-24　西堤＆爱居公寓实景图

该公寓目前主要服务于周边环卫、英博口腔、邮政、京东物流、顺丰物流、德邦物流、英盾安防等国企单位、医疗机构、物流快递企业等，为他们提供长期稳定的员工住宿保障，周边单位和企业员工占比近70%。

"十四五"期间，上海计划在真如、江湾、五角场等城市副中心，在满足结构、消防和治安管理等的要求前提下，继续推进商业办公、旅馆、科研教育等功能的闲置和低效利用的存量房屋改建为保障性租赁住房。尤其在市北、桃浦等成片转型地区，加快产业转型和空间调整的同时，适当增加保障性租赁住房用地，打造复合型创新社区。对具备条件、具有独立交通空间的区域，积极探索保障性租赁住房和城市有机更新工作深度融合，以整栋、整层为基本改造单位，在商业商务载体中融入租赁居住功能。

2. 发挥浦东新区和主城片区保障性租赁住房引领示范和协同带动作用

在浦东新区和部分产业集聚的主城片区（闵行区、宝山区），上海将有序增加租赁住房用地供应，进一步向产业园区、轨道交通站点周边倾斜，强化公共交通的引导作用，提高职住比例，其中浦东新区和主城片区（闵行区、宝山区）规划建设筹措保障性租赁住房23.7万套（间），占全市筹措总量的39%。

上海还将进一步支持张江科学城租赁住房品质提升，依托轨道站点优先将未建的住宅用地用于建设保障性租赁住房，为各类创新人才提供多样化的居住选择。同时允许虹桥国际商务区内已建商办楼宇优先改造为保障性租赁住房，试点实施商住用地动态调整机制。

张家浜楔形绿地人才公寓（图2-25），位于浦东建成区中心张家浜楔形绿地旁。张家浜楔形绿地是浦东中心城区内最大的城市绿地，规划目标是打造成为"上海中心城东部战略性的生态休闲区"。楔形绿地南侧

图 2-25 张家浜楔形绿地人才公寓实景图

靠近张江科学城的经营性地块，是以花园办公、生态社区、特色商业和创业平台为特色的综合区域，北侧规划建设了大量住宅，与周边已建地块及南侧张江科学城的低密度开发形成功能上的互动。

近年张家浜楔形绿地区域引进诸多与体育和电竞相关的产业，张家浜楔形绿地人才公寓作为张家浜楔形绿地重要的配套项目之一，为周边产业人才提供了高品质租赁房源，是该区域实现职住平衡的重要配套项目，项目可提供 721 套房源。

3．加大新城保障性租赁住房用地供应力度

上海五个新城以新建为主增加保障性租赁住房，新增住房中保障性租赁住房的比例不低于 25%。上海加大新城重点地区新增保障性租赁住房的投放力度，鼓励高强度发展和空间复合利用，稳定就业与稳定居住相协调，改善职住平衡，力图成为打造租购并举住房制度的先行示范之城，按照独立的综合性节点城市定位新城。至 2025 年，五个新城所在区建设筹措保障性租赁住房套数共计约 20 万套（间）；五个新城内规划建设保障性租赁住房共计 10 万套（间）。围绕大容量交通枢纽发展保障性租赁住房，新城范围内轨交站点 600 米范围内新增住宅用地的 70% 用作

保障性租赁住房，五个新城在已建、已规划的轨交站点600米范围内可规划建设保障性租赁住房共计4.4万套（间）、282.63万平方米，占新城保障性租赁住房建设量的44%，比如嘉定新城轨道沿线保障性租赁住房项目未来将大量分批开工建设（图2-26）。

嘉荷新苑项目位于嘉定新城地铁站附近，紧邻中信泰富万达广场。该项目地块是上海首批租赁住房地块之一（图2-27），总建筑面积10.11万平方米，房源1120套，包括4种房型，其中一房890套、二房178套、三房22套、四房30套。

与此同时，围绕产业岗位集聚区域，上海也在大量筹措和发展保障性租赁住房，比如在临港新片区，通过支持在特定产业地块统一集中使用产业园区配套用地不超过15%的配建指标，探索产业用地统筹集中建设配套宿舍型保障性租赁住房的途径。推进租赁住房、商品住房同品质开发，积极探索多种住宅类型在同一地块混合建设、融合管理。

2023年2月，上海临港重装备产业区江山路宿舍型保障性租赁住房

图2-26　嘉定新城轨道交通站点沿线保障性租赁住房分布图

图 2-27　嘉荷新苑的小区外观及室内配置实景图

项目举行开工仪式（图 2-28）。这是临港服务公司自主开发建设的首个宿舍型保障性租赁住房项目，总建筑面积 34.1 万平方米，共 32 幢单体、包括 11 幢宿舍，建有商业用房以及相应的配套设施。该项目将积极响应临港新片区宿舍型保障性租赁住房建设标准，从实际使用出发，满足居住、文化、运动等需求，实现基本居住服务不出楼栋、品质生活服务不出小区，助力推进临港新片区产业高质量发展建设。

松江西部科技园区保障性租赁住房项目位于松江区工业区科技园区内（图 2-29），项目占地东至东胜港路，南至姚家浜，西至规划一路，北至文俊路，总建筑面积 13.67 万平方米，其中租赁住宅建筑面积 9.55

图 2-28　江山路宿舍型保障性租赁住房项目效果图

图 2-29　松江西部科技园区保障性租赁住房效果图

万平方米。建成后该项目将可提供保障性租赁住房 2252 套。项目聚焦新城 – 新空间、共享生活聚场、户型设计等，重点用于改善和解决新市民、青年人等中低收入人群住房需求，促进区域职住平衡，推动产城融合，力求塑造多元融合的"人民向往"新空间。

第五节
Part 5

有归属感和认同感的宜居租赁居住环境
A Livable Rental Living Environment with a Sense of Belonging and Identity

1. 精心设计保障性租赁住房房型

保障性租赁住房的房型倡导根据区域位置、周边环境、市场需求等综合因素合理确定，积极打造小户型、低租金、全功能、悦生活的保障性租赁住房供应品种。针对新市民、青年人的居住需求，结合未来家庭小型化与二孩、三孩家庭导向，在以中小套型住房供应为主的前提下，上海提出可适度提供与家庭不同阶段相适应的住房套型，丰富"床""间""套"供应类型，满足多层次租住需求。

住宅型租赁住房项目的区内配套，当规模未达到相关标准规定时，上海要求在保证基础配建配套设施最小规模的同时，也与相邻居住区共享教育、社区卫生服务站等公共服务设施。宿舍型租赁住房的建筑内公共区域设计，增加公用厨房、文体活动等服务空间。同时房间内加大储物空间，增加用餐、会客、晾衣空间，设置信息网络接入点；设置卫生间、洗浴间和起居室。保障性租赁住房设计标准中也要求，新建宿舍型租赁住房应设置机动车停车位，并预留电动汽车、电动自行车充电设施空间。以上设计要求旨在提升居住空间的健康性能，优化户型房型、朝向、通风、排水等设计。

如璟智公寓项目位于闵行区北翟路和申虹路交接处，地处大虹桥区域内，毗邻商务区北侧CBD商圈，总建筑面积3.3万平方米。虹桥商务区作为打造国际开放枢纽、国际化中央商务区、国际贸易中心新平台和辐射亚太地区进口商品集散地的核心承载区，汇集了大量高端技术人才。

如何在区域内为新兴人才提供优质的住宿环境？项目设计时对标三大著名公寓建筑——奥斯陆·老码头6号院住宅、法国巴黎·UNIK花园式公寓住宅、瑞典·住宅综合体——共同设计完成。设计团队分享了项目相关的艺术设计理念与美学思考。

一是定位新兴产业高端技术人才的租住需求特点。上海这座城市生活节奏很快，所以年轻人回到家更追求一种轻松、健康、时尚、和谐、无忧的租住环境，比如建筑外立面以黄色和绿色为主，代表着活力、热情;再比如建筑外形酷似"魔方",有种韵律感、时尚感和魔幻感;建筑内部会设计很多公共区间,便于租户开展各种社交活动。

二是项目整体设计理念和建筑规划重点是更多社交分享空间。项目目标客户的年龄决定他们有极强的社交需求,所以项目对标世界知名建筑案例,将公共区域打造为承担多种功能和活动的空间,比如丰富的绿色植物空间、楼梯间的独立聚会场所,以及公寓的公用露台,都可以成为社交聚会场合。建筑体内贯穿的阳台或者回廊路径提供了大家交互的空间,便于营造开放、多元、和谐的邻里氛围(图2-30)。

三是项目公区、内部绿植花园与共享空间的合理功能划分。整个建筑一楼打造为大面积的架空层,设计的初衷就是便于作为一个灵活空间,如容纳40个人的聚会活动,或者改造成公用的小办公室、休闲书吧等。北面有一处花园,植入了不同季节开花的树木植被,让大家能在这个半开放式社区真正享受生活的乐趣。方案采用"上整下活"的形态,"上整"是指俯视酷似"魔方";"下活"是指建筑下部通过不同体块的灵活穿插,将内部景观露台与北侧和西侧景观资源整合,打造漫步系统。从立面看,端庄、简洁、纯净,让归家者的心慢下来,感受一种纯粹的美好(图2-31)。

四是多年龄段适用的户型设计。由于户型主要是为年轻人设计,所以不同于家庭住宅偏好放大客厅和餐厅的特点,设计师把卧室的空间设计得比较大,项目每个户型都有对应的目标人群(图2-32)。

图 2-30 围合中心的花园和围廊提供了更多社交空间

图 2-31 立面实景图

（a）一居室
（约32平方米无烟厨房带露台）

（b）大面积一居室
（约65平方米适合2人居住）

（c）二居室
（约100平方米，适合夫妻居住）

（d）二居室
（约90平方米双阳台适合闺蜜同事合租）

图2-32 项目户型设计

  璟智公寓项目内社区还自配约2000平方米社区公共服务空间，设有健身房、会客厅等，商业包含面源餐馆（沙县）、便利店、山姆云仓、上汽咖啡馆等。周边有中骏广场（海底捞、星巴克、喜茶）、虹顺商业广场、北翼购物中心、闵行外国语中学、华漕学校等商业和教育公共配套设施。

璟智公寓住户体验

来自台湾的新上海人李先生谈了谈选择璟智公寓项目的体会。李先生来上海已经三年多,非常喜欢上海这座城市,认为这里工作机会多,交友面广,文化包容,打算以后定居上海(图2-33)。

图2-33 租户访谈照片

李先生说,租房应该是他过去以及未来很多年一直的生活状态,他现在并没有购房的打算,所以希望自己租住得舒服一些。他曾经住过酒店式公寓,但是房间太小,采光也不好,租住体验很差,比如快递乱放,没有配套健身房、公共厨房等。他也考虑过民宅,但是租住很不稳定,经常要涨租金,要搬家,而且维修也很难找到人,押金也有时不给退。

谈到为什么选择这个项目,李先生很坦率地说,首先璟智公寓上下班单程将近1个小时,地理位置是他能够接受的范围。另外就是性价比不错,租住品质很高,时尚的建筑风格,丰富多彩的社区交友活动,还有付费专人保洁。当然在他看来最重要的是,这个项目是国企投资运营,他感觉资金管理和物业运营都会非常规范、可靠。他认为现在房东不退押金,二房东把租金私吞等不规范的现象实在太多。他租住在这里,既没有中介费,也不用担心押金不退回,其实是非常安心的。

2. 打造亲切舒适的住区环境

保障性租赁住房社区一般会设计很多公共空间，为居民提供多样化的功能服务，形、色、质的调整，可以重点突出公共空间的舒适性、亲切感、自由化，为人们创造一个良好的租赁居住生活体验空间。建筑设计提倡按照绿色、低碳、可持续的理念，符合装配整体式建筑要求，倡导建筑新技术的应用，鼓励开发、设计单位在房型设计及建筑室内空间上创新理念，满足租赁人群的多样化需求。

保障性租赁住房社区设计还倡导住区场地功能复合优化。根据实际需求情况，在不超过地块建筑总量10%的范围内，重点建设物业服务用房、运动场地、养育托管点、文化活动室、生活服务点等公共服务设施以及给水泵站、燃气调压站、小型垃圾压缩站等市政设施，并引导设置社区食堂、公共客厅、便利店、洗衣房、共享单车投放点、快递投放柜等经营性服务设施以及新型消费基础设施。利用物业管理用房或地下车库等部位合理设计应急、防灾物资用房、空间或设施，增强租住区应对灾害能力。

张江纳仕国际社区项目，是上海首批 Rr4 地块建设租赁住房项目之一。项目定位就是为张江科技园以及浦东新区的不同层次海内外人才安居提供"高品质"的租住环境。项目分三期建设，总占地面积约 20 万平方米，将提供建筑面积约 53 万平方米、近 4000 套租赁住房。其中一期是西班牙巴塞罗那开放式风格（图 2-34）；二期是现代、时尚、摩登的风格；三期是更为青春、适宜年轻人喜好的风格呈现。形态迥异的三期设计，力求更好地匹配科学家、外籍人士、青年创新人才、高级管理人才等多元的居住需求。

考虑到入住人群特点，项目规划了较大的配套商业服务设施容量。除了传统的物业管理、健身会所、餐饮洗衣之外，社区还设有体验式商业、青少年活动中心、幼托幼教、创意创业服务等设施（图 2-35）。这些设施结合十余条宜人的小街区穿插布置，彼此之间交叉融合，产生更

图 2-34　张江纳什国际社区一期公寓外观

图 2-35　张江纳仕项目实景

多具有价值的生活需求界面。巴塞罗那式布局的 19 个街坊庭院通过高架连廊二层景观通道串联通行，使整个社区成为邻里守望、亲切宜人的幸福港湾。

上海霍莱沃电子系统技术股份有限公司了解到张江纳什国际社区，立刻帮助公司员工进行需求登记。该公司负责人表示，这个社区离公司只有七八公里，配套齐全，社区品质高，对于海归新员工和公司内的中高层无房的管理人员非常有吸引力。这些引进人才从外地来到上海，偏好设计现代、户型宽敞、教育和商业配套成熟、物业管理规范、租金和租期稳定的住宅租赁社区，对于有孩子的青年夫妇尤其有吸引力，社区有不少适合三代同堂的家庭户型，周边有配套幼儿园和配套小学。

3. 构建15分钟社区生活圈

2014年,在上海召开的首届世界城市日论坛上,提出了"15分钟社区生活圈"的基本概念。2016年发布的《上海市15分钟社区生活圈规划导则》中提出了打造社区生活基本单元,在15分钟步行可达范围内,配备生活所需的基本服务功能与公共活动空间(图2-36)。

保障性租赁住房社区是居住社区重要的组成部分,同样倡导打造以15分钟社区生活圈为平台,构建网络化、无障碍、功能复合的公共活动网络,打造宜居、宜业、宜游、宜学、宜养的社区,形成有归属感的社区公共空间,以激发社区空间活力。

与此同时,将保障性租赁住房纳入城市网格化管理和社区管理服务,积极探索通过所在街镇党建联建、社区共建、建立党群服务中心社区工作者服务站与租户管理委员会等方式,因地制宜,加强保障性租赁住房社区基层治理。

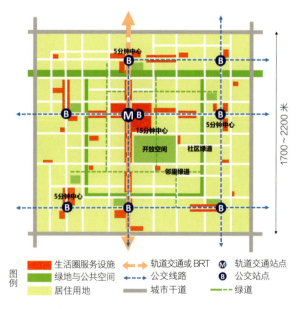

图 2-36　城市生活圈示意图

保障性租赁住房社区内的环境设计，倡导开放式街区理念，通过连廊、底层架空等增设邻里交往空间。同时结合保障性租赁住房规划规模和类型，项目环境设计倡导合理确定单元内公共配套服务设施。其中已批控详规划基础上增加保障性租赁住房，或由其他类型功能调整为保障性租赁住房的，需按新增保障性租赁住房规模增设除公园绿地、养老福利设施、行政办公设施外的各类公共服务设施。其中产业园区配建的宿舍型保障性租赁住房可按需配置公共服务设施。

比如长白228街坊，位于杨浦区中东部区域，原名"长白一村"工人新村。中华人民共和国成立之初，为解决三百万产业工人住房困难，上海参照苏联集体农庄结构模式，建成了9个工人新村住宅区，可供两万户家庭居住，"两万户"工人村因此得名。它不仅见证了中国工业发展的历程，也承担起为产业工人解决住房困难的使命，是上海现存唯一的成套"两万户"历史风貌住宅（图2-37）。

杨浦区以城市更新为契机，结合周边社区特征和228街坊资源禀赋条件，围绕人民群众最关心的"衣食住行"谋划功能配套，通过项目

图2-37 "两万户"历史风貌住宅

图 2-38　228 街坊的入口和保障性租赁住房

更新,将新的 228 街坊建成集保障性租赁住房、智慧型净菜超市、餐饮美食、艺术培训、中心绿地于一体,城市更新叠加"15 分钟社区生活圈"的样板街坊,回应广大群众对高质量发展和高品质生活的热切期盼,周边社区居民的日常生活需求可以在 228 街坊得到"一站式"满足(图 2-38)。

228 街坊 7 号楼是保障性租赁住房——创寓 228,450 套小而美的公寓,继承了"228"这个"奋斗者"之名,也成为当代奋斗者乐业安居的新"家园"。大楼内设洗衣店、智慧药房、便利店,满足入住白领的生活服务需求,周边布设咖啡馆、露天花园和多处公共活动空间,满足白领的社交沟通需求。一个集成的"掌上公寓"APP 可以实现智能门锁、智能梯控、智慧停车、社区广播等多元功能。

享受 15 分钟社区生活圈的住户

在长阳创谷一家互联网企业工作的小王,在公寓招租之初,就通过单位人事部门的"保租房集中定向供应"渠道了解到"228 街坊 7 号楼"项目,毫不犹豫地退掉之前的租赁房屋,准备搬迁到"创寓 228"。小王说:"我从这边到长阳创谷上班,骑车或者步行都十分方便,可以避免早高峰拥堵。"小王非常高兴地签了租赁合同,并随工作人员参观了健身房、公共客厅、大草坪等丰富的社交空间,尤其了解到项目入住人员大多是杨浦区重点企业事业单位的青年人才,知道公寓还会有丰富多彩的文体活动后,更加期待能够在这里认识更多志同道合的朋友,共同成长。

老年人的乡愁记忆、年轻白领的安心居所、周边居民的品质生活构成的15分钟社区生活圈……在228街坊一一落地。

第三章
Chapter 3

高品质建设：实现人民对美好居住生活向往

High-Quality Construction: Realizing the People's Yearning for a Better Living Life

为加快推动保障性租赁住房高品质建设，满足新市民、青年人和从事城市基本公共服务群体等不同人群的租住需求，实现人民对美好居住生活的向往，上海市创新发展贴近市民的设计理念，确立小户型、全功能、悦生活的总体要求，在房型设计、配套设施、社区服务等方面提高保障性租赁住房项目的建设品质。筹备并组织保障性租赁住房设计大赛，鼓励探索和创作出优秀的可复制、可推广的保障性租赁住房设计作品和成果，为形成可持续、高质量的上海保障性租赁住房建设与发展提供专业助力。

为推进上海保障性租赁住房建设，依照国家和上海市相关文件，结合上海租赁住房特点和项目实际情况，2021年上海市住房和城乡建设委员会等相关单位开始启动《保障性住房设计标准》(保障性租赁住房分册)的编制工作，为提升上海保障性租赁住房建设质量提供强有力的技术支撑。标准设置了保障性租赁住房的设计"底线"，满足了新市民、青年人、各类人才和从事城市基本公共服务群体等不同人群的租住需求，并且通过各种线上及线下的座谈会或培训，推广和落实了标准在保障性租赁住房项目中的应用。

保障性租赁住房是重要的建设工程，无论是新建还是改建类项目都围绕"减环节、减时间、减费用、提质量"的总体目标，以优化审批为主攻方向、以改革创新为核心手段、以企业满意为评判标准，统筹谋划、精准发力，纳入到高起点、高质量推进上海工程建设项目审批制度改革的要求中，实现制度服务项目的要求。

高品质的保障性租赁住房是建设过程中追求的目标。在新建项目中，打造15分钟社区生活圈，与轨道交通、职住平衡相衔接，打造有品位的房型和收纳空间，形成丰富的社区配套、空间设计等。改建项目中把利用好原有房屋、保障居住安全放到第一位，同时服务好周边新市民。城市更新的旧住房再利用项目，突出品质特征，保障后期居住安全舒适。

In order to speed up the construction of affordable rental housing in high quality, Shanghai creatively develops design concept which is close to the public of small family, full function, happy life, preparing and organizing affordable rental housing design competition, encouraging to explore and create excellent design works of affordable rental housing, which can be copied and promoted. More than 500 design works showed the designers' thinking and response to the characteristics of different groups of people and the characteristics concerning the aspects of architectural planning, house type organization, and space design, etc.

In 2021, Shanghai began the compilation of *Design Standards for Affordable Housing (the volume of affordable rental housing)*, which would be formally implemented in December 2022. The Design Standards set the "bottom line" for the design of affordable rental housing, and set standards for the residential planning, architecture, interior decoration and environment, structure, architectural equipment and fire protection of different types of affordable rental housing. Making the planning structure, functional area setting and fire evacuation of affordable rental housing feasible and reasonable.

Shanghai strives to build a condense and efficient management system, focusing on the overall goal of "reducing links, time, costs and improving quality", and fitting the requirements of high-quality construction of affordable rental housing. To simplify the approval process, does not reduce the acceptance requirements. To optimize the government service mechanism, implement the hierarchical management of projects, does not relax the standard business environment. Focusing on the pain points, promotes the reform of key measures and key links. Building a platform, integrates and improves the efficiency, and promotes the construction of "only one system" for construction project approval.

Affordable rental housing projects pursue high-quality construction goals. In the new project, a 15-minute living circle will be built, which is connected with rail transit, and balance between working and housing, creating a tasteful room design and storage space, and with a rich community supporting facilities and design space layout. In the reconstruction project, the construction quality is the first priority, highlighting the quality characteristics, ensuring the living safety in the later stage, and combining the reuse of the old housing in urban renewal.

Yaohua Binjiang Community, located in the core area of Houtan, Pudong New Area, focusing on building "15-minute community living circle", adopts visual corridor and circular commercial block, surrounding the residential square and street space. The street corner is combined with the green belt to form an open recreational and sports space, which is available for residents inside and outside the community to rest, exercise and watch games, being a part of the adjacent blocks. The one-kilometer circular business provides catering, convenience stores, cafes, bakeries, etc., creating a community living circle with warmth, culture, happiness and fashion in the region.

CIMC Central Park , located in the center of Meilan Lake Kechuang Lake District, Luodian Town, Baoshan District, is connected with the commercial complex project of CIMC Group. Meilan Lake has a beautiful natural environment, and the surrounding life, education and commercial supporting facilities are mature. The project is only 500 meters away from Meilan Lake subway station of Line 7, with convenient transportation. It is adjacent to North Shanghai Bio-pharmaceutical Industrial Park and Jinyi Industrial City Integration Area, and is an important supporting project for the balance between working and housing.

Chengtou Kuanting Jiangwan Community, is located in Yangpu New Jiangwan City, and each apartment has spacious and moderate space layout, comprehensive interior configuration and reasonable storage design. The modular of the apartment unit meets the rental needs of the tenants in the whole life cycle. They can live from the early graduation to marriage with children and three generations living in the same house. The tenants have no concerns about moving or don't have the anxiety of buying a house. In the overall planning of the project, the space design of the three-level community of "street, yard and courtyard" forms an open commercial block, a yard with enclosed green plants, as well as the entrance hall and the inner courtyard on the ground floor, to create a space atmosphere for tenants to communicate, share and live along harmoniously.

Chengkaixin Community, is located in Xinzhuang Town, Minhang District, adjacent to Xinzhuang Industrial Park. At the beginning of the project, it fully considered the living habits of contemporary young people, and a series of tags were designed, including four aspects: cute pets, sports, social interaction and culture. The community has specially designed a pet apartment to support tenants having cute pets. Equipped with indoor swimming pool, basketball hall, badminton hall, yoga studio and outdoor football field and other professional sports fields, to create a community sports atmosphere and attract sports fans to move in. The project operator uses a large amount of public space in the community. Xin Community provides young people with a new rental life mode, to obtain the safety and comfort of living at the same time, but also get full of positive energy.

"Yi Rubik's Cube Apartment", is located in the old industrial zone, formerly the dormitory of a chemical enterprise of Huayi Group. With the upgrading of Minhang industrial structure, chemical enterprises moved away, and the factory dormitory remained idle for two years. In recent years, many high-tech enterprises have settled in Wujing Area, which has stimulated more and more residential demand. The former idle old factory is refreshed into dormitory type of affordable rental housing, with gym, shared reading room, etc.

Luwan 816, is located in Huangpu, Shanghai. Public housing management unit was originally built in the 1970s, well located but dilapidated and idle. By strengthening the walls, renovating and repairing, it is renovated into affordable rental housing, equipped with furniture, home appliances and open shared spaces, as well as delivery cabinets, intelligent vending machines and food delivery robots, and 24h security and services.

第一节
Part 1

贴近市民的设计理念
Design Concepts Close to Citizens

1. 小户型、全功能、悦生活的总体要求

上海保障性租赁住房项目，在规划选址、户型设计和社区管理上同步发力，努力打造"小户型、全功能、悦生活"的品质社区。

（1）房型设计：聚焦小户型，体现小而美

以建筑面积不超过 70 平方米为主，精心打磨一室户、一室一厅、二室户、二室一厅等多种户型，满足新市民、青年人、从事城市基本公共服务群体在创业发展、生活改善不同时期对居住空间的需求；通过精准设计，最大化提升户内空间的利用效率，既形成紧凑而不拥挤、独立而不复杂的舒适空间，又使租住对象住得舒心、住得安心。

（2）配套设施：覆盖全功能，体现共用共享

充分完善综合配套设施、丰富共享空间配置，设置公共厨房、公共晒台、公共会客厅、公共办公区、公共阅览室等共享公区，配建洗衣房、健身房、智能快递柜、便利店、咖啡厅、社区食堂等综合配套服务设施，建成"配套功能全覆盖，品质生活触手及"的现代化租住社区，使租住对象住得贴心、住得顺心。

（3）社区服务：打造悦生活，体现共建共治

全面纳入城市网格化管理和社区管理服务范围，实施党建引领社区治理行动，充分利用配置丰富的共享公区和配套服务设施，组织开展各类社交和社会公益、党建活动等，为青年人才搭建健康成长阶梯，营造乐居、宜居的社区环境，打造优质的保障性租赁住房社区，使租住对象住得知心、住得暖心。

总而言之，上海正按照"规、建、管、服"一体化租住管理体系要求，加快推进"小户型、全功能、悦生活"的高品质保障性租赁住房建设及供应，培育符合上海超大城市特点的租住生活方式，让新市民、青年人、各类人才和从事城市基本公共服务群体等"租得到、租得近、租得起、租得稳、租得好"，不断增强获得感、幸福感、安全感，努力让他们享有品质生活，与上海这座有温度的城市一起实现高质量发展。

2．保障性租赁住房设计大赛

按照"小户型、全功能、悦生活"的保障性租赁住房要求，为加快推动保障性租赁住房设计创新，满足新市民、青年人、各类人才和从事城市基本公共服务群体等不同人群的租住需求，引导形成更高品质、更安心居住的生活方式，上海市住房和城乡建设管理委员会、上海市房屋管理局牵头组织开展上海保障性租赁住房设计大赛，鼓励探索和创作出优秀的可复制、可推广的保障性租赁住房设计作品和成果，为标准制定、规划建筑设计、建设运营等方面提供功能更加适配、丰富多样的设计样本。

（1）大赛总体概况

2022年3月4日上海市保障性租赁住房设计大赛正式启动，受到了社会各界的广泛关注，收到了国内外各界设计团体和独立设计师们的踊跃报名。大赛鼓励社会各界，特别是青年人和青年设计师团队，积极参与保障性租赁住房创新设计（图3-1）。

本次大赛报名系统共接收报名资料500余份，涵盖单位、团体、个人三大类，报名主体包括设计单位、运营单位、高校学生等。报名信息显示的参赛者所在地包括上海、广州、深圳、杭州等地区。各作品的创作者总体平均年龄32岁。

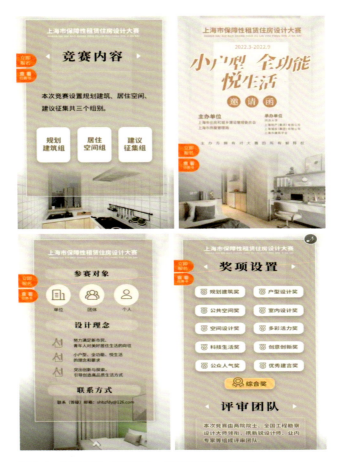

图 3-1　竞赛内容、设计理念、奖项设置和评审团队

参与本次大赛的设计作品总体都紧扣租住特色，在传统居住空间的设计基础上，更加重视公共属性的营造、更加注重公共空间的利用。众多参赛作品通过对各类生活场景的详细描绘，在建筑规划、户型组织、空间设计等众多方面展现出设计师对不同人群需求特点与当代租住的时代特征等问题的思考与应对。

本次大赛设计作品呈现出了设计主题丰富、建筑布局多样、空间利用紧凑等特征，充分响应了本次大赛的设立初心与组织立意（图3-2）。本次大赛汇集了众多设计作品，激发了广大行业工作者对保障性租赁住

图 3-2 设计成果展览

房相关领域的参与热情,促进了全社会对保障性租赁住房的认知与了解。同时,这些作品也为行业相关部门与机构等,提供了有益的参考与借鉴。其中部分参赛作品有望进一步打磨、提炼,最终形成具有上海特色的租赁住房模式。

此外,本次大赛的设计作品中还展现出对当下绿色生活方式的探索以及对高效、可复制的工业化建造模式的思考等内容,为形成可持续、高质量的上海保障性租赁住房建设与发展提供了专业助力。

(2)部分参赛作品

1)作品1:旋院,上海建筑科创中心

①总体设计思路

宿舍是一种通过共享部分生活空间,解决居住人群高密度栖居问题的建筑形式。设计者根据对任务书的解读,将设计目标设定为"在1.8万平方米的总量控制下,让1000位租客生活得更舒适"(图3-3)。

图 3-3 旋院设计外观

图 3-4 旋院室外平台

尽可能扩大个人居住空间。设计者从羌寨民居中得到启发，将室外平台作为入户交通空间，并将不同类型的居室上下叠加，使整个项目的得房率无限接近 100%，实现了在有限面积的前提下尽可能扩大个人居住空间这一需求（图 3-4）。

图 3-5　旋院集体共享空间

打造集体共享空间。宿舍型租赁住房需要功能类型多样的共享空间，满足不同年龄、不同性别和不同爱好租客的共享需求。设计者以围合式的土楼民居作为空间组织的原型，层层室外平台围绕中心广场，形成与宿舍单元联系紧密的共享空间带（图 3-5）。在每层的室外平台上设置共享单元，形成庭院 - 平台 - 共享单元的多层级共享空间。

②独特的室外空间体系

不同于传统宿舍单一功能导向的走廊空间，旋院逐层退让的花园平台在解决入户交通问题的同时与中央庭院共同构成了总计 4500 平方米的立体共享活动空间体系，所有户型均与该共享活动空间直接连接（图 3-6），充分调动住户参与社区活动的积极性，其中 58% 的户型拥有独立的入户花园，拓展了生活空间。社区活动用房以具有辨识度的形态嵌入活动平台，成为各层动线的空间节点，通过便利的交通条件，提高设施的使用频率。

③家具集成的户型设计

户型设计以卧铺车厢为原型，将床、桌、储物、过廊的基本元素以适应各自人体模数的方式组合成一个大家具，嵌入到宿舍容器中（图 3-7）。高度集合的卧室大家具解放了居住空间，使宿舍可以容纳完

图 3-6 旋院室外空间

图 3-7 旋院户型设计

整的厨房，充足的卫浴空间，独立的洗衣机、冰箱等功能空间，提升居住品质。

2）作品 2：光之谷，上海现代建筑规划设计研究院有限公司

①总体设计思路

光之谷项目，是一次为漂泊的异乡人在城市中重新找寻锚点和归属感的设计尝试。它旨在突破传统住区的束缚，给城市及居民带来一束凝聚活力的生活之光。

图 3-8 光之谷设计外观

设计者基于开放社区的基础模型,采用架空平台、垂直庭院和退台的形式,重点在迎光之庭、集趣成谷、向光生长这三条故事线上展开(图3-8)。希望通过设计的不断深入,重塑社群文化,增进邻里情感,为城市中的奋斗者们提供一个造梦的温馨家园。

②塔楼:迎光之庭

针对塔楼本身,设计者展开了设计中的第一条故事线——迎光之庭。在原本围合的造型上,置入多个功能模块,这些模块或开放或独立,从办公学习到社区菜园,以立体的布置形式,为住户提供一个共享生活的垂直庭院(图3-9)。为"逐梦人"们营造丰富的生活场景,满足居民对于自然和阳光的需求,促进邻里之间的交流与互动。

③开放空间:集趣成谷

设计的第二条故事线为集趣成谷。在巨型城市中,大家都是"熟悉的陌生人"。设计者希望通过在"光之谷"中建设多样化的开放空间(图3-10),促进居民和整个社区的交流,用交流包容的城市之光,引领身处异乡的游子们,为各自的生活找寻新的根基。在设计策略上,用半

第三章 高品质建设：实现人民对美好居住生活向往

图 3-9 光之谷设计图

图 3-10 光之谷开放空间

围合的塔楼保证了高容积率下超大尺度的中心开放景观，并通过社区礼堂，塑造住区的标志性和中心性，增强社区凝聚力；而后，设计利用贯通楼宇的二层平台，在高差变化中区分空间的私密度，为租户提供专属的活动平台，同时结合楼栋本身的竖向配套及绿化空间的设置，在保证租户隐私和安全的情况下，再一次增进租客和社区的联系。以社区级别的自由空间，满足多元化居住人群的活动需求；以新潮、全天候、多功能的场所设计塑造极具包容性的开放社区；以开放包容的空间将居民引入社区，融入城市生活之中。

④立面设计:向光生长

"向光生长"是设计中的第三条故事线。立面设计整合了光伏、光热和通风遮阳系统,控制室内环境(图3-11),保证了低碳舒适的生活环境,满足了当下城市居民对于健康生活的需求,促进社区内部和谐发展。

光之谷是一次非常有意义的设计实践,是建筑师和追梦者对理想城市生活方式的一种探索。试图通过创造一个开放、包容、和谐的社区,为城市中漂泊的人们提供一个温暖的家。在这里,人们可以在垂直庭院中享受阳光和自然,可以在开放空间中与邻居交流,可以在向光生长的环境中追求健康的生活。这是一个充满希望和梦想的地方,一个让人们重新找到归属感和锚点的城市新家园。

3)作品3:少年派的奇幻漂流,上海中房建筑设计有限公司

作品体现了对保障性租赁住房未来建设的畅想与思考。作品灵感来源于一种立体停车建筑,底层是一个架空的平台("基地"),沿街是商业,内部则是绿化公园,上部围合式层叠平台类似停车场,分成数个不同主题

图3-11 光之谷立面设计

的区域,如娱乐阅读、运动电竞、艺术交流等,每个区域插入相关配套功能模块作为公共空间。通过适当减少户内的公共面积来增加共享空间。住户可通过 App 菜单定制居住模块,选择感兴趣的主题区域,真正实现择邻而居,同好相聚。单体租屋模块通过平台外侧可横向移动的运输电梯被运至预定位置,日后还能移动至平台其他区域,甚至被运至其他地点或其他城市的同类"基地",将房子随身带走。这里有完全个性化的户内空间,有着共同兴趣、能主动更换的邻居,更多的交流空间与机会,还有整体搬家的便利。虽然现实中尚有不少技术及管理问题需要进一步解决,但能展现一种全新的租赁模式,展现"奇幻漂流"般的居住生活体验(图 3-12)!

①归家感,体现烟火气

首先,租赁住区要有体现烟火气的强配套空间。这类空间的具体表现形式可能是一家街边的咖啡店或美甲店,以及那些和百姓开门七件事息息相关的沿街配套空间。而这些空间由于较吸引人,也可以为周边的居民服务,这样租赁住区就可以更好地和周边的建筑、周边的人以及城

图 3-12 奇幻漂流

市相融合，融合的力量，不管最终来源于外部还是内部，总会带来"城市的一杯人间烟火"，居住其中的新市民和青年人也会感到这个住区及城市的亲切，找到归家的感觉。

其次，在租赁住区的内部也需有一处居民们乐在其中的空间，可以是一条跑道、一处广场或是一个空中平台。这些空间的尺度不宜过大，是适合面对面交流的，这样，迎面走来的就是邻居，都可以相互叫出名字，互诉家常，这就是社区尺度家的感觉（图3-13）。

②可变性

采用相对较大面宽小进深的户型，以获得较好的阳光权与使用感受，并且考虑住户不同时期的使用需求，通过"悬动魔盒"——一种可变且可移动的室内装置，来满足不同住户不同时期的使用需求。在不改变户内承重结构的前提下，就可自主便捷地改变户内空间。

③个性化可移动

为更好地体现居住者的个性化需求，"魔盒"通过设于吊顶内的上导轨移动，住户可自行移动"魔盒"，提供一种既有陪伴又能独处的生活状态。"魔盒"移动所带来的生活趣味性尤其符合年轻人的需求，为"运动

图3-13 归家感设计理念

图 3-14 可移动设计理念

爱好者""音乐发烧友""文艺新青年"和"头号大玩家"等提供独居个性的空间（图 3-14）。

（3）参赛设计师们的理念与设想

1）同济大学参赛设计师

来自同济大学的黄一如、陈泓岳、吴羲三位参赛设计师分享了他们在设计作品时的主要思路。

一是对居住需求的准确分析和把握。他们认为未来租户从公司下班，回到宿舍这个小天地里，除了自己的房间，也可以选择在任意公共空间活动，在室外广场运动，在屋顶连廊散步，在露台上闲聊，在居住组团内的公共客厅娱乐。所有的公共活动都是可共享的，所有人都是可参与进来的。于是希望将保障性租赁住房社区设计成乐居之所，将许多个公共活动空间联系起来，消弭楼层之间的疏远感，打破室内外空间的剥离感。年轻人们通过让渡一小部分私人空间，换取较低的租金和丰富的公共空间，获得更适合他们的生活体验。

二是多层级模块化解需求与设计的矛盾，用更小的单元组合出多变的形态。他们受到装配式建筑概念的启发，以"基本单元"为概念，用

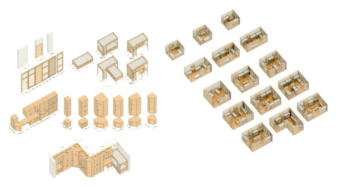

图 3-15 对于模数组合的探索

多层级组合的方式来形成整体设计。实体化方案中,"核心 – 模数"成为主要方法,这一方法能有效地适应多变需求的挑战。在宏观的层次中,"核心单元"解决常规的设计需求诸如垂直通行、水暖供应、维修检测等,同时以核心为支撑,将固定内容安置在固定的"核心筒",释放灵活空间用于起居空间的布置;在微观层次中,家具、房间的尺寸和划分是根据从小到大的模数来设计,一方面便于设计与施工,另一方面模糊的控制也让装配内容既多变又易于实施(图 3-15)。

在"核心筒"作为竖向交通空间承担上层居住组团的疏散任务之外,灵活楼梯模块散布在商业和室外活动空间周边,为低层空间增添活力。居住部分的横向交通是和室内的公共活动空间相互联系的,整个楼层都可以开放到达。除建筑外立面采用预制构件外,整体形体基于"核心筒"组织,形成居住组团,公共空间和卧室围绕"核心筒"向上生长,保留了建筑体块日后加建和改造的可能性(图 3-16)。

这一系列的方法实际是在各方之间取得平衡,在量化了设计的同时,也为使用者在一定范围内预留了自由布置想要的生活的空间。

2)UA 尤安设计参赛设计师

来自 UA 尤安设计的陈磊、陈芸莉、王班、崔阳、鲍磊几位设计师也分享了他们的创作思路。

一是对"小、全、悦"的具体实现。他们在"万象未来"的竞赛

图 3-16　灵活的空间组合探索不同的起居方式

图 3-17　基本单元（固定空间 + 可变空间）

作品中，利用照相机的镜头概念，隐喻对美好生活点点滴滴的记录，希望突破常规的思路，以独特的可变灵活性方式和智慧科技结合，形成一个万象无限可能的户型设计，达到"小、仝、悦"的最理想生活状态。设计是在一个 22 平方米的套内"小"面积中展开的，由一个涵盖基础生活功能的固定空间模块和一个以双人床及周围活动空间——2.4 米×2.4 米为单位的变化模块组成（图 3-17）。

户型的"仝"，主要体现在变化模块上，通过 4 个方向的旋转和前后伸缩的方式，可以形成多个空间的变化，形成最大化的"仝"空间（图 3-18）。经过每次旋转，墙面或者天花都能成为新的地面，从而形成不同

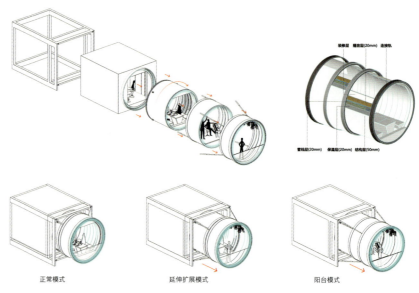

图 3-18　基本单元变化模式

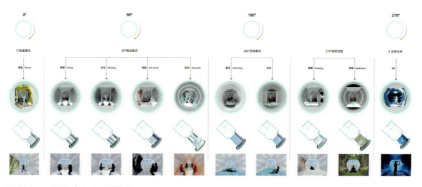

图 3-19　可变空间场景模式

的使用空间，这样的变化结合家具的灵活变化，形成了非常丰富和独特的功能空间，从而最大化地实现"全"的概念（图 3-19）。

同样，在公区的设计里，他们也采用了这样的变化方式，让两条连接核心筒与房间的走道，既可以在平面方向上旋转合并，形成不同大小的公共空间，也可以让不同层的公共空间上下移动，进一步形成不同大小和类别的公共空间，例如大平台集会空间和阶梯式演艺空间。万花筒般的公共空间，可以把年轻人的交往与互动空间的活力值拉到满分。

物理空间的复合性灵活变化与科技智慧技术的结合，使物理空间进一步地向虚拟空间无限延伸，形成了包容未来万象的"小、全、悦"的理想之家（图3-20、图3-21）。

二是通过模块化优化宿舍型保障性租赁住房空间。针对传统的宿舍形式单一、存储空间小、私密性较低、缺少共享空间等不舒适的地方，在设计的过程中，设计师从未来使用者的真实生活出发，提供更多空间细节，通过舒适的居住空间和丰富的公共空间，让年轻人们能够充分享受各种社交活动，而不只是蜗居在狭小的居住空间里。

在"以'盒'为家"作品里，设计师通过研究人们的基本生活尺度，最后选择以单人床宽度——1.2米为基本单位，形成一个个小模块，以这些小模块为基础，让宿舍空间和家具像乐高一样灵活多变，搭配出充满想象力的活动空间，打破传统宿舍单一的排布。

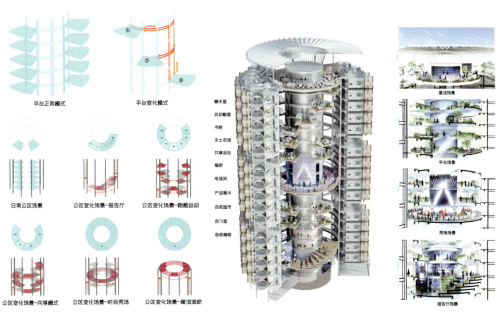

图3-20　公区变化模式　　　　图3-21　剖面场景

通过模块化的设计，宿舍可以提供更舒适的个人空间，比起传统的宿舍，新的宿舍设计可以让4人间也实现视线不交叉，不干扰室友的休息空间（图3-22）；6人间有着更好的私密生活小天地（图3-23）；8人间不仅有共享式"小客厅"（图3-24），还有更多的储藏空间。

图3-22　4人间宿舍

图3-23　6人间宿舍

图3-24　8人间宿舍

三是优化保障性租赁住房公共配套。在设计初始,设计师会考虑设计比如书店、图书馆、咖啡厅、艺术空间等公共设施,但经过分析,被利用最多的公共空间可能仅仅是健身房,而其他的空间往往利用不足。并考虑未来需要通过运营和管理,为物理空间注入精神和文化的内核,这样才能真正吸引居住的人来使用和体验,从而组织社区活动,形成活跃的社区氛围。他们认为保障性租赁住房是一个具有居住功能的公共建筑,在形式和审美上,它应该更具独特性和丰富性。

第二节
Part 2

政企联动的标准推进
Advancing Standards by
Government-Enterprise Linkage

1. 编制标准

在实践中保障性租赁住房该怎么设计、社区设施如何配置尚无统一标准，许多项目在设计之初没有依据，之后却发现少了这个，多了那个。各保障性租赁住房建设企业，迫切需要一套设计的地方标准。2021年上海市住房和城乡建设委员会、上海市房屋管理局共同牵头，上海市住房保障事务中心、上海市勘察设计管理中心和上海市市场管理总站等相关单位共同参与，开始启动《保障性住房设计标准》（保障性租赁住房分册）编制工作（图 3-25）。坚持以人为本，坚持安全、适用、绿色、经济、智慧、可持续发展的原则，积极应用先进成熟、经济适用、安全健康的技术，《保障性住房设计标准》（保障性租赁住房分册）的大纲编制内容包含总体设计、建筑设计、室内环境及装修设计、结构设计、建筑设备等内容，由上海天华建筑设计有限公司和华东建筑集团股份有限公司共同主编。

在标准编写过程中，编制组以上海"十三五"期间新增的 70 万套租赁住房为基础，专题调研了已投运、建设中和设计中的各阶段、各类型租赁住房项目，组织租客、运营单位、建设单位和相关职能管理部门

图 3-25　上海市工程建设地方标准《保障性住房设计标准》大纲评审会

座谈交流。编制组组织线上、线下多次调研活动，邀请了地产城方公司、城投宽庭公司等地方国企，以及华润有巢等央企，还有民企中的龙头房地产开发企业和头部租赁运营企业，比如旭辉领寓、万科泊寓、龙湖冠寓、中骏方隅、安歆公寓和魔方公寓等。同时编制组也进行了线上和线下项目调研，包括中骏公寓、城方活力社区、魔方9号楼、虹房泊寓、安歆公寓、有巢南舒房、大唐地产和有巢三林等项目。编制组广泛发放调查问卷，充分收集相关诉求、意见和建议。

为汇集各界地产从业人员的智慧，进一步提升保障性租赁住房的租住品质，推进高品质保障性租赁住房的发展，结合2022年上海市保障性租赁住房设计大赛设立的"意见征集组"，在上海市政府网站开设人民意见信访征集窗口等渠道，进一步扩大意见征集和反馈渠道，充分吸收、提炼相关职能部门、租赁行业企业、参赛设计师、租客和热心市民等群体的意见和建议，并历经多轮意见征求和修改完善后达成共识（图3-26）。

华东建筑集团股份有限公司、上海天华建筑设计有限公司依照国家和上海市相关文件精神，结合上海市相关项目的调研成果，分析上海市

图3-26 《保障性住房设计标准》意见征求

图 3-27　保障性住房设计标准

保障性租赁住房的特点，共同编制了上海市《保障性住房设计标准（保障性租赁住房新建分册）》DG/TJ 08-2291B-2022（简称《新建分册》）、《保障性住房设计标准（保障性租赁住房改建分册）》DG/TJ 08-2291C-2022（简称《改建分册》），并于 2022 年 12 月起正式实施（图 3-27）。

保障性住房设计标准的编制对推进上海保障性住房建设具有引导性，在规划建筑设计方面提供安全合理、功能适配的决策参考，设置了保障性租赁住房的设计"底线"，满足了新市民、青年人、各类人才和从事城市基本公共服务群体等不同人群的租住需求。

2. 标准特点

上海发布的保障性租赁住房设计标准，属于全国首创。其中《新建分册》中将新建型保障性租赁住房分为住宅型和宿舍型。住宅型保障性租赁住房，是指具有卧室、起居室（厅）、厨房和卫生间等基本功能空间，主要供家庭租赁使用的居住建筑。宿舍型保障性租赁住房，是指具有居室或居室和卫生间等基本功能空间，主要供单身人士租赁使用的居住建筑。保障性租赁住房改建分册，结合结构抗震及安全相关规范，依据特殊类装修项目的要求对改建为宿舍型租赁住房的项目的设计标准进行一系列规定。

标准将总平面设计数据、公共配套数据、设备结构设计数据、户型设计数据以及用户需求等进行归类梳理，对不同类型保障性租赁住房的住区规划、建筑设计、室内装修设计、室内环境设计、结构设计、建筑设备设计以及消防设计等内容进行条文编制，使保障性租赁住房的规划结构、功能区设置以及消防疏散具有可行性和合理性，为当下保障性租赁住房设计提供了有效指导。

一是品质社区小而美。户型面积进一步放宽，住宅型项目最小套内建筑面积放宽至 22 平方米、宿舍型项目最低人均使用面积放宽至 3.5 平方米。车位配比进一步优化，机动车停车位最低可按 0.15 辆 / 套配置；非机动车位鼓励配置充电设施和共享使用。配套设施进一步完善，明确在常规公建配套的基础上，进一步释放业委会用房空间，鼓励结合客群需求增配社区食堂、洗衣房、教育培训、运动场地等公服设施。为打造小而美的高品质租住社区明确设计基础。

二是严守底线保安全。结构标准坚持底线，改建项目实施前，应按国家和上海市现行标准进行检测，并根据鉴定结论相应加固。消防标准分类细化，单间不超过 2 人居住的（单人）宿舍型项目，消防设计参照旅馆标准；单间居住 2 人以上的（集体）宿舍型项目，消防设计参照宿舍标准，并在消防设施（喷淋、消火栓等）方面加强配备。安防标准分类明确，住宅型项目的智能化安防标准，对标"住宅"和"租赁住房"标准；宿舍型项目的智能化安防标准，对标"旅馆"标准。标准总体聚焦以人为本、安全第一，在尽可能提高安全系数的前提下，兼顾平衡建设成本，使项目建设运营可负担、可持续。

集中新建型住宅或宿舍租赁社区项目，人群居住密度较大、人员流动性大，需求多样，且租户与自有房产主有着同样居住需求和公共权益诉求，为了保障租住品质，兼顾平衡建设成本，保障性租赁住房设计标准有一致性的特殊规定，针对常见的问题，标准都给予了明确的回答。

（1）住宅型保障性租赁住房的套内厨房和燃气的配置

住宅型保障性租赁住房套内一定要设置厨房，但是否要通燃气，可结合客群定位具体研究；如厨房接通燃气就需要做成封闭空间；如不通燃气可做成开敞式厨房，但采光、通风仍需满足国家及上海市有关住宅建筑设计相关规定。

宿舍型保障性租赁住房套内明确不应接入燃气，但也可以安排简厨区域、使用电磁炉。无论是住宅型租赁住房还是宿舍型住房，只要有厨房区域，就需要设置油烟机及排油烟道。

（2）日照的要求规定

关于日照，标准要求保证 50% 以上套型至少有一个居室的冬至日满窗日照有效时间不少于连续 1 小时。同时租赁住房鼓励围合式布局，要求应以南北朝向为主，允许布置部分东西朝向住房。

（3）租赁住房"围合式的布局"的"天井"结构

天井主要功能是解决建筑物的采光和通风，一般情况下尺度较小；如做成全封闭天井易成为加速火焰及烟气上升的拔风通道，严重影响上层住户的安全。因此考虑到宿舍型租赁住房居住人数较多，从安全的角度出发，标准明确高层、高层住宅不应设置全封闭的内天井。

（4）非居改建保障性租赁住房项目按照宿舍型保障性租赁住房设计

宿舍型保障性租赁住房可以在满足宿舍标准的前提下，改建为多居室房型，但是要注意每个居室居住人数的控制，《改建分册》第 4.2.1 条规定，宿舍型保障性租赁住房按使用要求分为五类，不同类型居室及人均使用面积的规定见表 3-1。

居室使用面积及人数限制　　　　　　　　　　　　　　　　表 3-1

类型	1 类	2 类	3 类	4 类	5 类
每室居住人数（人）	1	2	3~4	5~6	7~8
人均使用面积（平方米/人）	16	8	4.5	3.5	3.5

注：本表中面积不含套型内辅助用房（如卫生间、阳台等）面积。

（5）宿舍型保障性租赁住房自然采光、通风的要求

《改建分册》的第 4.1.2 条规定，改建项目不能改变原有建筑布局，不一定能做到保证 50% 以上居室的冬至日满窗日照有效时间不少于连续 1 小时。为保证居住质量，应按照现行行业标准《宿舍建筑设计规范》JGJ 36 的要求，满足"半数以上的居室应有良好的朝向"。因上海地区北向无日照，应以正东正西为限，半数以上宿舍居室朝向不应布置在东偏北、西偏北及北向范围，朝向天井开窗的也属于不良朝向。

（6）改建型项目的安全要求

改建项目的消防设计指导思想之一是要杜绝"三合一"场所产生。根据《住宿与生产储存经营合用场所消防安全技术要求》XF 703-2007，住宿与生产、储存、经营等一种或几种用途混合设置在同一连通空间内的场所即"三合一"场所，整体改建可有效避免这种情况（图 3-28）。

商业与宿舍型保障性租赁住房可以布置在同一建筑内，但两个区域之间需采用防火墙、楼板完全分隔且安全疏散设施互相独立设置，这样的局部改建可以不视为"三合一"情形（图 3-29）。在保证防火分隔与疏散设施各自独立的条件下，可以在商业综合体内设置保障性租赁住房。

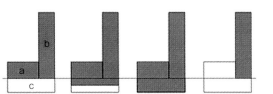

图 3-28　整体改建示意图
a- 裙房；b- 塔楼；c- 地下室

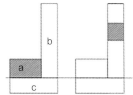

图 3-29　局部改建示意图
a- 裙房；b- 塔楼；c- 地下室

3. 落实标准

所有参与标准编制的政府部门、房地产开发企业、租赁运营企业及项目设计单位都是标准的实践者和推广者，与此同时，行业内还有更多的其他相关单位和企业，不了解最新的标准的实施要求，市区住建、房管等部门组织各种线上及线下的座谈会或培训，推广和落实标准在新项目中的应用。

2023 年 4 月，上海市住房城乡建设委员会、上海市房屋管理局组织召开上海保障性租赁住房设计标准宣贯会议，上海市住房城乡建设委员会、上海市房屋管理局、上海市市场管理总站、上海市勘察设计管理中心、上海市住房保障事务中心等单位参加，通过"线上 + 线下"方式，共覆盖约 600 人次，参加宣贯的还有各区房屋管理局、审图公司，相关建设单位、设计单位等的负责人（图 3-30）。

宣贯会议邀请了设计标准的主编单位负责人，对标准条文进行了全面宣贯，并在消防、安防、噪声等强化要求方面，和户型面积、日照采光、车位配比等创新突破方面开展了重点解读（图 3-31）。同时，就建设单位、设计单位关心的共性问题进行了答疑互动。

各区房屋管理局邀请本区各保障性租赁住房建设、设计单位共同参会，落实相关建设标准。座谈旨在深入践行"人民城市人民建，人民城市为人民"重要理念，以新市民、青年人的安居宜居需求为导向，调动各方资源，推动各区保障性租赁住房高速度、高质量发展，不断创新完善符合区情、市情特点的住房保障体系（图 3-32）。

图 3-30　保障性租赁住房设计标准宣贯线上线下会议现场

图 3-31　保障性租赁住房宣传图

图 3-32　长宁区房屋管理局与企业共同学习保障性租赁住房设计标准

第三节
Part 3

精简高效的品质管理
Streamlined and Efficient Quality Management

1. 简化但不降低标准的审批验收

保障性租赁住房建设环节管理全方位纳入住房建设管理系统基础上，结合保障性租赁住房的特点进一步优化和简化管理流程。

（1）制度创新，顶层建设系统集成

作为世行测评城市和国家改革首批试点地区，上海充分借鉴新加坡、我国香港等世界先进经济体的经验做法，以"高效办成一件事"为标准，提升企业感受度，实现用先进理念引导实践，连续实施三轮改革，推动改革循序渐进、迭代更新。2018年，重点聚焦社会投资项目，率先提出了以"流程再造、分类审批、提前介入、告知承诺、多评合一、多图联审、同步审批、限时办结"等为核心的1.0版改革。2019年，按照国家改革试点部署，上海在巩固社会投资项目改革既有成果的同时，进一步拓展延伸，将政府投资、国有投资项目纳入改革范围，以"四个统一"（即统一改革思路、统一审批体系、统一数据平台、统一监管方式）为目标，以"三全"（即全流程、全覆盖、全事项）为标准，提出了以"一次申报、一口受理、一网通办、一次发证"为核心的2.0版改革。2020年，在总体延续改革2.0版基础上，充分学习借鉴新加坡、我国香港等世界先进经济体"整体政府"和"风险分级分类管理"等理念，提出了以"只登一扇门、只对一扇窗、只递一套表、只录一系统、只见一部门"为核心的3.0版改革，进一步加大改革力度和强度，推动项目办理流程持续简化、办理成本不断降低、质量管控始终强化。

（2）多策并举，推进审批权力瘦身

上海始终坚持按照"政府-""市场+"原则，推进行政审批权力不断"瘦身"和"塑形"，先后出台了20多项改革新政和40多个配套文件，取消了强制招标、强制监理、资金到位证明、现场踏勘、各专业部门单独验收备案等审批环节和管理要求，通过"减、并、放、转、调"等方式精简整合原来全部审批事项的三分之一，取消各类行政审批事项 14 个，合并 36 个审批事项为 14 个，转变管理方式为政府内部协作事项的 13 个，精简审批事项及范围的 7 个，减少各类审批前置条件 4 个，调整优化 12 个事项的审批时序，提高办理效率和透明度。同时，将实践证明较为成熟可行的改革成果通过法规、规章的"立、改、废"工作予以制度化、规范化，已完成修订涉及改革的地方性法规 9 部，修订相关政府规章 5 部，积极配合国家层面修订法律 3 部，修订法规规章近 10 部，先后 3 次向住房和城乡建设部就改革突破上位法的事项提请授权，为上海改革工作提供法律支撑。同时，积极参与《上海市优化营商环境条例》的起草和制定，将 2019 年以来工程建设项目审批制度改革中好的经验和做法提炼纳入，进一步以法治化手段固化改革成果，提升立法层级。

2．优化但不放松规范的营商环境

结合整个住房建设管理，进一步优化投资营商环境，以更好地吸引多主体参与到保障性租赁住房投资建设中。

（1）科学分类，推行项目分级分类管理

上海改革坚持科学合理的原则，改变原有"一刀切"的审批管理模式，着力建立基于风险的分类审批和管理机制。在确保工程质量安全、建设品质的前提下，不断调整政府部门的管理方式，连续两年出台相关政策文件，持续优化工程建设项目风险管理矩阵，完善基于不同项目类型、不同风险等级的差异化监管检查体系。根据工程性质、规模、技术难度、参建方信用状况等因素，细化分类标准，明确工程各阶段质量安

全风险清单和五种风险等级,强化建设单位、施工单位、监理单位对工程质量安全的主体责任,并根据工程性质、规模、技术难度及参建方的信用状况等工程风险,实施差别化分类审批和现场监管。针对属于世行测评样本案例类型的社会投资低风险产业类项目,进一步简化审批流程,降低办理成本。在设计方案免于审核的基础上,进一步取消了投资备案、环境影响评价、施工图联合审查、首次监督例会等环节,减免了工程勘察、工程监理、给水排水外线接入等费用,减少了施工过程中的质量监督频次,由审批审查中心组织实施一次联合监督检查。针对全覆盖改革中的政府投资和国有企业投资项目,将基本流程划分为立项用地规划许可、工程建设许可、施工许可和竣工验收四个审批阶段,对应不同项目类别进一步细化,量身定制不同的审批流程、审批时限和审批方式,并进行规范化操作的具体指引。此外,上海根据城市发展的现状与追求"卓越全球城市"的目标愿景,立足既有建筑存量的实际,以城市更新为抓手,聚焦当下既有建筑,从以微更新、渐进式的方式来实现空间重构和功能复合的要求实际出发,根据既有建筑装饰装修项目的特点,在工程建筑项目四阶段审批管理的基础上进一步优化审批流程环节,量身定制了装饰装修项目审批管理细则,单独明确审批路径和方法,体现精益求精、有的放矢的改革精神。

(2)对标先进,推动"整体政府"式政务服务机制

借鉴世界先进经济体"整体政府"的创新理念,加快"一体化"政务服务建设,在巩固试点区域改革成果的基础上,进一步深化在全市层面将"一个中心"由社会投资项目向工程建设项目延伸拓展,在不改变各部门现行审批职能前提下,有效整合审批资源,强化内部协同联动,明确由"一个中心"作为面对市场主体的单一主体,提供项目"一站式"审批和验收服务,强化线上线下深度融合,加快建立"前台一窗收发、后台联合会审"的一站式政务服务管理模式和服务路径,推动实现各类工程建设项目审批涉及的行政审批事项、行政审批中介服务(政府委托)

事项、市政公用服务事项纳入"一个中心"统一申报、统一受理、统一出证、统一验收。全面推行"只登一扇门"(即企业只需跑审批审查中心一个机构)、"只对一扇窗"(即企业只需在一个综合受理窗口就能办理所有相关事项)、"只见一部门"(即企业在项目办理全过程中只与审批审查中心一个部门打交道)。

(3)多规合一,业务协同加速项目策划生成

上海按照工程建设项目审批改革试点的总体部署要求,结合上海城市精细化管理的精神要求,以夯实国土空间用途管控基石,加快上海2035总体规划推动实施为目标,坚持问题导向、需求导向、效果导向,针对工程建设项目,尤其是政府投资项目审批"前期长、生成慢、不稳定"等瓶颈问题,在审批四阶段之前设立"多规合一"业务协同平台,通过平台发挥作用,加速项目前期策划生成的速度、提升项目策划生成质量和效率。上海的"多规合一"业务协同平台突出三个特点:一是构建国土空间用途管控体系的主线层次,实现顶层做"全"规划、中层做"细"计划、底层做"实"项目;二是凸显上海工程项目审批管理体系的主体框架,通过明确管控措施、排除否定性因素,解决项目可实施性的问题;三是明确项目策划生成体系的主要目标,强化"一张蓝图"实现信息共享,采用行政协助推动内部协作高质高效,做全设计条件实现一次征询满足各项条件要求,做深设计方案以精细化管理提升建设品质。

(4)资源整合,简化审批强化监管

上海在改革中,注重通过线上线下深度融合,推进智能化事中事后监管体系建设。一方面,优化"上海市工程建设项目审批管理系统"作为线上窗口的载体功能,力争实现线上申请"一个总门户、一次登录、全网通办"和线上审批"外网受理、内网办理、内部协作、平台监督"的行政审批服务新模式。另一方面,强化"审批审查中心"作为线下平

台的实体化作用,通过线下综合咨询服务实体窗口、开通咨询热线电话、线上提供限时咨询回复等方式,积极发扬"店小二"的服务精神,为企业提供全过程、全方位、全事项服务。

3. 靶向突破,推动重点措施和关键环节改革

保障性租赁住房作为新政策,可能面临许多新情况,更需要有新的措施,更需要像其他建设项目管理一样,推动重点措施和关键环节改革。

(1) 改革创新,加大力度探索延伸

上海在改革过程中,重点针对施工图审查和综合竣工验收这两个关键环节靶向施政,开展改革创新,不断推进改革深化。一是贯彻落实国办发〔2019〕11号文精神,在巩固施工图设计文件"多图联审"改革成果的同时,探索扩大施工图审查减免的范围。针对1万平方米以下的社会投资低风险产业项目,取消了建设单位委托的施工图审查,改为由设计单位和设计项目负责人对施工图图纸的设计质量负责。建设管理部门加强事中事后监管,委托第三方的专业机构对设计图纸质量进行全覆盖抽查,以切实落实企业和项目负责人的主体责任。二是在不改变各专业验收部门法定职责的前提下,加大政府部门管理资源的有效整合,按照"一口申请、一网办理、提前服务、分类验收、限时办结、统一发证"的总体思路,梳理验收事项,优化验收流程,全面实施建筑工程综合竣工验收制度。其中,针对低风险项目,极大精简验收事项、压缩验收时限,建设管理部门和规划管理部门在受理之日起5个工作日内完成质量、消防和规划的综合竣工验收。

（2）聚焦痛点，规范项目"隐形审批"

2019 年，上海以依法合理、精简规范、服务高效为原则，加快政府职能转变，进一步厘清上海中介服务领域中政府与市场的关系，制定出台了《关于本市推进工程建设项目行政审批中介服务事项改革工作的若干意见》，提出"四个一批"改革举措，将上海工程建设项目涉审中介服务事项由改革前的 72 项精简到改革后的 40 项，精简率达 44%。在此基础上，按照"减环节、减时间、减材料"的改革要求，对确需保留的中介服务事项要求逐项编制服务指南，进行标准化管理，对于政府委托的中介服务事项统一纳入"一个系统"实施规范化运作，让企业办事更透明高效。2020 年 4 月，为进一步客观准确了解各项涉审中介服务执行效果，组织开展了涉审中介服务事项改革后评估工作，通过举办部门、企业专场专题座谈、开展涉审中介服务改革满意度调查。

（3）告知承诺，着力强化事中事后监管

在确保工程质量安全、建设品质的前提下，积极调整管理理念、转变管理方式，最大限度简化事前审批管理，对于能够通过事中事后监管纠正且风险可控的审批事项，可以通过建设单位承诺的方式，审批部门免于事前行政审批。深化完善项目告知承诺的管理机制，建立完善事中事后监管制度，充分发挥信用信息管理平台作用，加强各审批监管部门信用信息的互联共享，建立健全覆盖建设单位以及工程勘察、设计、施工、监理、检测等各类企业和从业人员的信用档案，完善信用信息的记录、公开、评价和应用制度。强化守信激励和失信惩戒措施，加大跨部门的失信联合惩戒，增加违规和失信成本。建立"黑名单"管理制度，将存在承诺不履行、弄虚作假等不良行为且情节严重的主体，列入名单，直至清出上海建设市场。

4. 搭建平台，推动工程建设项目审批"只录一个系统"

上海市将"建立一个系统，实施统一管理，构建一网通办"作为工程建设项目审批制度改革的核心内容和解决政策执行落地"最后一公里"的重要抓手，贯彻落实改革要求，从市场主体需求和视角出发，对标世界先进经济体创新理念，以上海"一网通办"政务服务总门户为依托，以"项目全覆盖、业务全流程、数据全归集"为目标，以"统一一个名称、统一政务服务入口、统一数据标准"为原则，开发建设了"上海市工程建设项目审批管理系统"。在推进保障性租赁住房方面起到了积极作用。

（1）以整合促便捷，推动从"找各个部门"到"找整体政府"的转变

融合统一各部门政务服务事项受理前端，构建打造工程建设项目审批政务服务全方位一体化数字平台，推行一口受理、并联审批、实时流转、各环节全过程跟踪督办及效能节点控制，实现项目全流程在线闭环管理。目前系统已涵盖项目立项用地规划许可、工程建设许可、施工许可、竣工验收四阶段各类政务服务事项近 60 项，覆盖市、区两级各专业管理部门 369 家，各类市政公用及第三方技术咨询、审查等服务单位 139 个。实现"线上进一网、线下进一窗"。

（2）以集成提效能，推动从"以部门为中心"到"以用户为中心"的转变

通过推动系统建设，线上线下政务服务流程再造、业务协同、数据共享，实现项目办理过程中各审批文件采用电子证照，"一站式"申请办

理项目设计方案并联征询及审批、施工许可并联审批、过程中联合检查、综合竣工验收，并做到在线一次发证。

（3）以创新促智能化，推动从"人找服务"到"服务找人"的转变

始终坚持为用户提供精准化、主动化、智能化的政务服务，将"办事更方便、体验更满意"作为改革成效的衡量指标，不断向智能化审批应用方面拓展创新。推出手机移动端辅助审批和查询功能，开通工程建设咨询服务热线，实现热线电话、手机和网络平台同步互动，稳步推行"不见面审批"。

第四节
Part 4

追求品质的建设项目
Construction Projects Pursuing Quality

1. 打造 15 分钟社区生活圈——耀华滨江社区

耀华滨江社区通过居住配套规划，构建 15 分钟社区生活圈，打造活力便利的居住环境，形成有归属感和认同感的社区环境（图 3-33）。

耀华滨江社区地处后滩核心区，位于浦东新区耀华路与济阳路交会处，以济明路为交界，分跨两个地块。地块总建筑面积 27.97 万平方米，住宅套数为 3134 套，总配套面积为 2.39 万平方米，其中可经营商业面积达 1.20 万平方米。

本着打造现代化开放型住宅区的理念，耀华滨江社区的建筑采用现代简约风格，同时融入街区式的空间特点，围绕 15 分钟社区生活圈的打造，通过视觉通廊与环形商业街区，让两场地紧密相连并围合出住宅里坊与街巷空间，通过连续步行空间的导入，提升可达性，强化公共开放空间格局，提升社区生态环境与公共服务功能。

在整体规划中，将近一半的空间向城市开放，在街角与现有绿化带结合，形成了开放的城市空间。同时，还在开放空间中植入了活动场地，与一些有趣的盒子形成了可休憩、可观赛、可补充能量的场所，这些场

图 3-33　耀华滨江社区

所不仅是配套街区的空间补充,更是在快节奏高强度氛围中的一份轻松,为15分钟社区生活圈内的居民带来了便捷(图3-34)。

"15分钟社区生活圈"的概念,强调在短距离的空间内,为城市公民提供类型丰富、便捷可达的社会服务,重视商业之外,也注重文化和休闲功能的提供。作为社区内商业,多样化服务的提供能够将不同背景的居民聚焦融合起来,建立彼此之间的联系,培养社区精神,让商业服务与居民之间产生强链接,实现居民对社区的归属感(图3-35)。耀华滨江社区正是围绕这个理念,在住宅底层配套引入灰空间,通过充分的灰

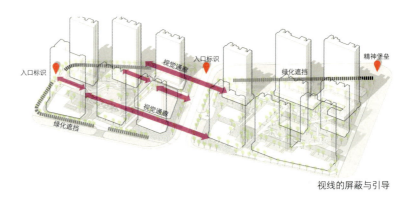

图3-34 街区开放空间设计

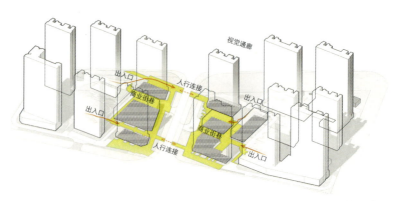

图3-35 配套空间穿插于社区之中

图 3-36　沿街开放的配套空间与住区相融合

空间过渡，让室内空间与室外景观相互融合，引入尽可能多的室外空间（图 3-36）。室外也设置了沙发茶座，为丰富的居家生活提供了宜人的场所。建筑周围布置了庭院来促进室内外的交融，让整个居住区都有丰富的室外景观与空间意蕴。

耀华滨江社区除了配备社区治安室、配电站、垃圾房、物业用房、消控室等配套服务用房外，还配置了菜市场、社区文化设施、社区体育设施、养育托管点等社区内公共服务配套设施。此外，因租赁住房的套型面积紧凑，日常生活需求需要通过共享城市会客厅这样的公共配套服务区域得到满足，同时，也增进了社区租客之间的交流与互动（图 3-37、图 3-38）。

为了提升租客的生活品质，服务租赁社区的同时，也能服务周边的居民和小区，社区还配备了近万平方米的餐饮、便利店、咖啡厅、面包房等商业增强生活服务功能，提高社区便捷度。内外互通交融的环境将整个街区自然激活，再配以后期商业品牌定位植入"文青生活+"的商业理念，打造区域内有温度、有文化，快乐、时尚的核心租赁社区生活圈（图 3-39）。

图3-37 璟滨公寓项目配套经济指标表

图3-38 璟耀项目配套经济指标表

图3-39 耀华滨江社区"文青生活+"展示板

2．轨交旁、园区边新建项目——中集·中央公园

中集·中央公园位于上海宝山区罗店镇，与相邻的中集集团商业综合体项目连在一起（图3-40）。该项目距离7号线美兰湖地铁站仅500米，与上海宝山工业园区、北上海生物医药园区相邻，交通便捷，商业和生活公共配套成熟，吸引了周边园区及地铁沿线工作的年轻租客入住。

整个项目由6栋13~19层建筑单体构成，围合式布局，一层架空，丰茂的绿植及篮球场、塑胶跑道和休闲健身设施等都集中在中央景观公园，私密性较好。项目一共有1574套、2000间房，以30~41平方米的一室户为主，占70%，也有少量二室户。户型设计上采用全屋外阳台及飘窗，便于日常晾晒且有充足的采光日照，室内装修风格简约，以成品家具为主，卫浴干湿分离，空间舒适度高。每室都有独立的阳台、厨

图3-40 中集·中央公园实景图

图 3-41　中集·中央公园户型和配套实景图

房和卫生间。项目 1 号楼和 2 号楼一层公共区域配有休闲区、咖啡吧、共享厨房、书吧、自习室等常规分区（图 3-41）。

美兰湖科创湖区的整体规划,是要在已有配置的基础上,从社区人视角创设新的社区活力点,全面提升生活品质,打造"宜业、宜居、宜养"的"15 分钟社区生活圈"。中集·中央公园项目就位于美兰湖产业园区——"科技硬核"企业集聚地——的中心地带,以潘泾路产业轴串联北上海生物医药产业园和锦邑产城融合区。

从规划选址上,政府将一块职住平衡的优质地块用于保障性租赁住房项目。中集·中央公园距离 7 号线美兰湖站仅 500 米,步行仅需要 5 分钟,满足了地铁沿线客群的出行需求。同时,项目依托美兰湖商住配套成熟的社区环境。尽管离市区比较远,但是周边生活教育资源比较丰富,是个非常适合居住生活的地方,很多新员工来上海后,不需要买房,以家庭的形式入住社区,可以顺利地办理居住证并享受单位的租房补贴,子女的就学问题和自己的工作通勤问题都得到顺利解决。

3. 匠心规划和设计——城投宽庭·江湾社区

城投宽庭·江湾社区项目，位于杨浦区新江湾城核心区域，紧邻地铁10号线殷高东路站。距离五角场不足3千米，配套资源优势较明显。项目含7幢租赁住宅，总建筑面积约13万平方米，可提供1719套保障性租赁住房，其中一房（约29～63平方米）占比约88%、两房（约73平方米）占比约6%、三房（约98平方米）占比约6%（图3-42、图3-43）。

图3-42 江湾社区照片

图3-43 江湾社区整体实景图

李老师住在江湾社区

复旦大学年轻博士李老师在"江湾社区"集中配售阶段递交了入住申请，毫不犹豫地租下了一套一室一厅 41 平方米左右的户型，租金为 5900 元/月，单位的住房补贴和自己的公积金可以抵减掉自己大部分的租金负担，实际支付每月不超过 2000 元，这套房子让他非常满意。入住不久的小李老师分享了自己的居住体验。

他感觉这里的社区环境很好，周边生活和商业配套成熟，交通便捷，周末自己和女友经常去悠方生活广场或五角场逛逛。社区内的绿化和公共空间的设计规划都非常时尚，和朋友在公区空间聊天或者看书办公，都非常安静惬意，感觉自己在一个私密性很高的优质居住社区生活（图 3-44）。

图 3-44 城投宽庭·江湾社区公区

项目每个户型的空间布局都宽敞适度，内饰配置周全，收纳设计合理，可以拎包入住，自己想到的，现场家具配置也都预先考虑到了，有种酒店入住的感觉，家电家具维修也不用操心，有寓所内密码锁和出入口的人脸识别门禁，自己也不用担心闲杂人员出入的安全问题（图 3-45）。

李老师特别提到，"城投宽庭的房子能够满足我未来十多年，甚至更长时间的租住需求。这里没有公共租赁住房的租赁年限限制，我可以一直住下去。如果我结婚或者有小孩，需要老人帮助带孩子，我可以选择同社区的二

图 3-45 城投宽庭·江湾社区一室一厅样板间

居室或者三居室。而且这里为我办理居住证，我的户口落户没有问题，我的孩子就近入托、入学也没有问题，我享受了所有自购住房所拥有的权益。我并不想一直搬家，当我的东西越来越多的时候，也非常适应这里的居住环境和社区邻居，我并不希望离开这里，如果不影响我的孩子入学，我觉得我可以一直租住下去，把我省下来的购房的钱用于旅游和其他生活享受支出"。

（1）全龄社区

城投宽庭·江湾社区的户型平面以3.3米为标准开间单元，标准化开间便于灵活分割或者合并，一室户变二室户，甚至三室户，形成户型单元的模数化（图3-46）。负责人介绍，租户在宽庭系列项目可以从刚毕业一直住到生子和三代同堂。项目可以根据他的需要将房型改为二室户，甚至三室户，只要他和家人熟悉了周边的生活环境，可以一直住下去，甚至老人来帮助带孩子，也不用担心没有大户型的房屋租住。租户没有搬家的顾虑，也没有购房置业的焦虑。

与平面对应，城投宽庭房屋的外立面也形成标准化、模块化的几种形式，通过不同组合，形成简洁又富有活力的建筑立面形象（图3-47）。

图3-46 城投宽庭模数化户型

图 3-47　城投宽庭·江湾社区外立面

（2）全屋收纳

城投宽庭内装的另一个亮点在于全屋收纳。城投宽庭在户型设计过程中十分关注收纳体系的实用性，储物空间足。即使是 23 平方米的极小户型，也能留有 6.85 立方米的储物空间，并实现橱柜的精细化分隔。全屋收纳主要由入户收纳系统、厨房收纳系统、卧室收纳系统构成，通过一个贯穿入口、厨房和套内功能空间的组合柜体实现使用功能的多种可能，形成精细化的整体储藏空间设计，为住户舒适生活的幸福细节再添砖瓦（图 3-48）。

城投宽庭厨房定制整体橱柜针对性地将厨房物品进行收纳，锅碗瓢盆、厨房小家电各得其所，调料、干货、餐具变得井井有条，并预留足够高度用于置放冰箱、洗衣机等家电，在分类放置时，依然兼具安全、方便（图 3-49）。卧室区域属于私人空间，要满足私人物品的存放需要。城投宽庭系列以组合柜体的大衣柜及墙面收纳，为居者提供大量储藏空间（图 3-50）。

城投宽庭运营方介绍道，对于不同空间面积的户型，设计师总结出很多内设小技巧，这些技巧极大提升了租户的"入住"舒适度。比如小

图 3-48　全屋收纳示意图

图 3-49　卧室收纳实景图

图 3-50　卧室实景图

图 3-51　室内环境

户型就会在入口玄关设计强弱电箱、鞋柜、伞柜以及收纳空间。厨房也会被设计成紧凑型，带洗涤功能，一张不足一平方米的台面解决了用户从烹饪到洗衣、煮咖啡的大半日常生活。上柜空间的两个叠层可以提供多元化储物的可能（图 3-51）。

卧室和客厅共用的融合空间,既是电视墙也是办公桌,一墙可二用,书桌侧面也设有书柜和收纳空间,看书追剧两不误(图3-52)。整面衣柜提供超强储物功能,配备挂衣杆,并考虑了行李箱空间,连书桌上空都设置了高柜可以储藏换季衣服被褥。

在中户型中,城投宽庭系列通过厨房餐厅书房相结合的理念,打造可抽拉式的书餐桌(小岛台),书餐桌可伸缩至任意想要的位置,既能满足多人就餐、工作和学习,又能和其他家具(例如沙发)组合使用,不仅使室内空间得到充分利用,更增添了空间的乐趣和多样性(图3-53)。

图 3-52　融合空间

图 3-53　可抽拉式书餐桌让厨房兼具餐厅书房功能

(3)"街、院、庭"三级社区空间

城投宽庭江湾社区在室外打造了"街、院、庭"三级社区空间规划体系,不仅使外部空间具有层次性,且能够为租户提供更加便捷舒适的租住生活。

其中,"街"为开放式街区,即创造面向城市开放的街区,将社区配套资源与城市共享(图3-54)。鼓励租户走出闭塞居所,拥抱城市,与他人交流、分享,创造更和谐的社会环境。在开放式街区的基础上形成15分钟社区生活圈,在15分钟步行可达范围内,配备生活所需的基本服务功能与公共活动空间,形成更加便捷舒适的社会基本生活平台。

"院"为院落和社群,即通过场地设计和相对集中的建筑布局,形成围合空间和预制相对应的层次丰富的各级院落,并结合业态布局各种主题"生活圈"(图3-55)。

"庭"即通过入户大堂结合底层架空设置,形成公共区域和私密区域自然过渡的内庭院空间,为租户提供更多与自然接触的空间(图3-56)。

除了街、院、庭的外部整体空间设计,在室外走廊吊顶等细节上也充分考虑了室外空间设计的层次性与通透性。城投宽庭采用琴键式吊顶方式(此种吊顶方式不同于以往的全封闭式吊顶,更能增强空间的层次感与通透性),并且对不同楼层的吊顶粉刷色相相同但饱和度不同的油漆,外部观感的层次性更强。

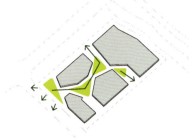
图 3-54 开放式街区

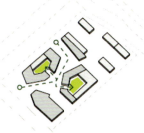
图 3-55 围合庭院

图 3-56　内庭院空间

4．张扬青年活力——城开系列社区

（1）打造四大标签的城开·莘社区

坐落在上海市闵行区莘庄镇的城开·莘社区由上实城开与莘庄镇联合开发，是上海市保障性租赁住房制度出台后首批上市供应的项目之一（图 3-57）。项目总建筑面积为 18.7 万平方米，供应房源 2562 套，包括一室户 199 套，一室一厅 2021 套，二室一厅 342 套。据统计，莘社区已入住租房客群中以单身群体为主，未婚住户占比为 77%；租客年龄主要集中在 23～35 岁，占比在 90% 以上；并且整体受教育程度较高，其中本科及以上学历占比为 75%。

作为反映城市人才精神面貌的社区，莘社区在项目打造之初就设计好了一系列标签，包括萌宠、运动、社交、文化四个方面，充分考虑当代年轻人的生活习惯，让大家在莘社区里都能找到自己的兴趣所在。

图 3-57　莘社区总体鸟瞰图

1）萌宠——我和朋友做邻居，猫猫和狗狗做朋友

莘社区整体是一个宠物友好的社区，因此特别设计了一栋宠物公寓，供养宠人士及萌宠入住，社区口号是"我和朋友做邻居，猫猫和狗狗做朋友"，让宠物之间也可以交朋友，将宠物作为具有独立思维的主体对待，充分尊重了动物的想法。另外在这栋宠物楼下配备了近 600 平方米的宠物公园供宠物玩耍，在社区内根据宠物公约住户需要给宠物牵绳和戴嘴套，但是在宠物公园里它们可以自由奔跑，不受限制。并且这栋住宅楼楼下还贴心地配备宠物托儿所，供需要外出的宠物家长寄养"毛孩子"。

在社区的商业配套部分，也打通了宠物友好的渠道，入驻的部分餐厅可以让住户带着自己的"毛孩子"一起用餐，可以看到专门给宠物制定的餐饮食谱。另外这些餐厅的菜单，是社区和一家领养机构共同制定的，机构将一些等待领养的宠物照片放在菜单上，这样住户如果有意愿领养可以联系他们,这个领养机构还会在一些自媒体平台上发布宠物被领养后的生活状态,可以让大家知道这些被领养的宠物过得好不好。同时还有宠物美容和宠物生活所需用品的对应商铺,解决宠物家长在日常养宠生活中的一些需求。

除此之外,社区内定期还会有根据宠物公约而举办的"好狗狗公民"培训,要求每个宠物家长都遵守这个公约,保障环境卫生,让社区一直保持干净的状态,这样宠物也能更好地被尊重,从而让养宠人士能够安心上班,开心生活(图3-58~图3-60)。

图 3-58 比熊活动专场

图 3-59 宠物公寓

图 3-60 修建中的宠物公园

2）运动——走出户外，释放青春活力

莘社区的综合运动中心内配备室内游泳池、篮球馆、羽毛球馆、瑜伽馆及室外足球场等专业运动场地（图 3-61～图 3-63），营造运动社区氛围的同时，让不同的体育爱好者都能在此找到属于自己的社交聚集地。这些专业的运动场地在供应给租户的同时，也非常欢迎住在社区周边的热爱运动人士前来举办体育比赛和进行训练等。打造运动标签的目的在于帮助租户找到自己热爱的运动方式，唤醒沉睡的多巴胺，忘记生活的疲惫，感受运动的快乐，让租客走出家门就可以享受到运动的魅力。

图 3-61　室外足球场与网球场

图 3-62　室内游泳馆

图 3-63　室内篮球场

3）社交——是爱好，也是我们在一起的理由

莘社区作为一个服务2000多户的大型租赁社区，拥有众多的住户，是帮助年轻人破冰、展开社交的重要平台。运营方在设计园区时致力于打通人际互动，为住户提供多元生活场景，以美食、萌宠、音乐、亲子、阅读、摄影等多类别主题社群，帮助有各类爱好的住户寻找志同道合的伙伴。

莘社区项目内保留了大量公共空间，以实现多样化的功能，满足当代年轻人的生活需求（图3-64）。根据租户访谈了解到的实际需求，住宅架空层部分将打造社区会客厅，规划涵盖公共厨房、影音、桌游、会客等多样性的功能，保证私密性的同时满足共性的需求；社区内还设有自习室、烧烤区等公共空间，对租户免费开放，在社区内可一站式满足各类生活场景。

整个社区里配备有5000平方米的商业中心，包括餐饮、生活、零售，和其他的一些与生活社交相匹配的商铺，让年轻人住在社区里就能够将居住以外的社会需求都一站式解决。另外楼栋之间特别设置了风雨连廊，让租客在下雨天也可以在户外不受风雨侵袭去进行会面社交（图3-65）。连廊之间有面积约2000平方米的中央草坪，这个草坪是开放的，可以举办周末露天电影等活动，同时草坪上会设置帐篷，提供给有需要的住户去露营，让年轻人有更多的机会在户外聚集在一起，联络感情（图3-66）。

图3-64　公共区域

图 3-65 风雨连廊

图 3-66 中央草坪露营

4）文化——生活艺术化，艺术生活化

莘社区项目的 11 号楼 1 层设立了开放式的艺术中心，希望能够将美育与住户的日常生活相结合。这是一个创意的实验场，无墙文化艺术中心的打造，让艺术走进社区，融入日常生活。莘社区未来计划和闵行区文旅局以及相关的艺术策展公司定期举办艺术展，以及艺术家驻留的活动，给整个社区提供更多的艺术作品以及更好的艺术氛围。

每个住户都可以表达自己对艺术的理解，可以提供关于社区标志的思路和想法。为了让大家参与社区共建过程，社区结合租户的生活状态和年轻属性，创作出了几个 IP 形象进行公布和分享，然后邀请社区的居民来评选出最符合自己的形象，社区后面会根据投票的结果在核心区域做一个大型雕塑，这个活动让大家有最直接的参与感，会觉得自己是社区真正的共建者，而不仅仅是过路人。

除此之外，社区内还会有一个流动图书馆将邀请住户共创。围绕展览的主题，让住户作分享，探讨包括书架的创意和书籍的选择，未来这些书架会成为一个艺术作品，放到合作的美术馆进行展览，同时参与共创的居民会被一起邀请到美术馆进行一些相关的活动，形成一个生动的闭环（图 3-67）。

整个莘社区打造的是提供给年轻人的一种全新的租住生活模式，让他们明白并不是一定要买房，不要把买高端的住房当成是未来人生的唯

图 3-67 开放式的艺术中心

一追求。这里有一种很好的租赁的生活方式,这种生活方式也能给年轻人的工作、生活、学习以及休闲娱乐等各方面带来各种各样的补给,让他们能够在整个社区里获得更多的能量,同时能够居住得安全和舒适。

(2)营造运动色彩的城开·汇社区

城开·汇社区位于上海南站附近,地理位置好,是徐汇区首个新建保障性租赁住房社区项目,为存量工业用地盘活项目。

汇社区的交通非常便利,有3条轨道交通,生活、教育、医疗配套都很齐全。项目总建筑面积约6.6万平方米,可供应房源共873套,有不同大小、不同设计风格的户型共7种,可以满足不同群体对空间的需求。同时所有房间均配置独立卫浴,能够给住户提供更多私密空间。

汇社区的租户以青年人为主,35岁以下人群占80%,本科以上占96%,外省市户籍占88%。

为满足住户的日常生活需要，汇社区配套了多元化的商业。目前星巴克、达美乐等商家已入驻开业，这些商铺不仅对社区内住户开放，同时也辐射到周边小区，提供消费服务（图3-68）。另外为了社区内租户能够更好地开展社交活动，汇社区还特别设置方便邻里交流的社区会客厅（图3-69），以及接待中心、创享阶梯、阳光草坪等共享空间（图3-70）。

同时社区为满足住户对于健身、运动的需求，修建了约1800平方米的户外运动中心，涵盖了环形健身跑道和各类球场，让大家在下班或周末的闲暇时刻可以通过运动来放松心情和得到锻炼，也可以通过集体运

图 3-68　商业配套

图 3-69　社区会客厅

图 3-70　阳光草坪

图 3-71　篮球场和小型足球场

动结交更多小伙伴，让邻里关系因运动而更加亲近（图 3-71）。

另外，汇社区的这些体育设施免费向周边社区开放，与周边社区的配套设施共同管理，形成租赁社区与住宅社区配套之间的有效融合，让不同社区的住户可以享受更多的配套资源，实现资源共享。

5. 闲置非居改建——谊·魔方公寓上海吴泾华师大店

随着城市发展，中心城区可出让的土地越来越少，与此同时存量老旧房屋越来越多，其中部分商业办公、旅馆、厂房、仓储、科教等非居住存量房屋处于低效利用或闲置状态，城市各类存量资产更新改造成为城市发展的重要课题，而存量非居住房屋更新改建为保障性租赁住房成为城市更新改造的新模式，这一方面有利于盘活低效存量资产，提高所有者的资产效益；另一方面给市场增加了"职住平衡""优质可支付"的租赁房源供应，满足新市民、青年人职住平衡的租住需求。但是存量旧房屋在改建和用途变更过程中，存在大量各种结构及使用安全的隐患，如何规范改建和合规使用，成为"城市更新新模式"和保障性租赁住房筹措的风险堵点。

图 3-72　公寓外立面图

"谊·魔方公寓"位于老工业区——吴泾板块的龙吴路 5395 号（图 3-72），曾面临同样的困境。这里原为华谊集团上海氯碱化工股份有限公司集体宿舍，包括三幢宿舍楼、一幢食堂、一幢锅炉房。随着闵行产业结构升级，化工企业搬离，厂区宿舍闲置长达两年（图 3-73）。

近年来吴泾板块及周边入驻了众多高新技术企业，激发了越来越多的居住需求。知名的紫竹园区、中国梦之谷·南上海文化创意产业园，还有上海交大、华师大等高校和科研机构坐落其中，而区域的居住生活配套还有待提升。经过四个月更新改造，昔日闲置的旧厂房焕新为白领公寓和企业宿舍（图 3-74）。

谊·魔方公寓总建筑面积约 1.06 万平方米，其中住房建筑面积为 6984 平方米，可提供 233 套宿舍型保障性租赁住房，均为 24～30 平方米一房户型，入住对象一般是崇尚自由、渴望独立，年龄集中在 22～35 岁之间的都市"新市民、新青年"，包括年轻情侣、创业者、在都市打拼的白领及企业外派人士和需要在工作地附近住宿或有其他短租需求的本地居民（图 3-75）。

图 3-73 项目改建前的状况

图 3-74 公寓绿化环境

图 3-75 共享空间实景图

6. 旧公房的城市更新——卢宛 816

在上海黄浦区，有一幢 20 世纪 70 年代建造的老公房，占地面积不大，但位置优越，由于年限比较长，所以居住条件比较差，外墙斑驳，楼道安全也存在隐患。之前的居民在改善住房条件后都陆续搬离，因此这幢老公房也就此闲置（图 3-76）。

公房管理单位——永业集团积极思考如何实现城市更新，将闲置住房资源发挥最大作用。2020 年 6 月，永业集团开始修缮老公房，通过加固墙体、旧房改造、重新装修，将曾经居住不便的旧公房变成一道新的风景线。随后将该房纳入保障性租赁住房管理范畴。曾经摇摇欲坠的老公房在永业集团和上海建信住房的齐心合作下，焕发出新的生机，如今已成功蜕变为许多在沪年轻人追梦的起点——卢宛 816（图 3-77）。

图 3-76 卢宛 816 改造前

图 3-77 卢宛 816 改造后

（1）强强联合

CCB 建融家园卢宛 816 项目是上海建信住房和永业集团强强联合精心打造的项目。由永业集团改造，建信住房管理，于 2021 年 10 月 28 日正式开业。该项目位于市中心黄浦区打浦桥板块，供应房源 93 套，房型以套内 28 平方米的一室户为主，轨交环绕，地理位置极佳。卢宛 816 的落地是双方积极落实国家政策，在住房租赁板块合作上的重大突破，企业发挥各自优势，盘活闲置资产及存量房源，增加市场租赁住房供给，共同解决城市年轻人住房困难。

面对卢宛 816 的前身——20 世纪 70 年代的老公房，永业集团首先对整体的结构进行了加固，继而对内部的整体布局和装修进行了翻新，包括加装电梯、优化用电线路，保证彻底解决残存的居住隐患，和其他的租赁住房不同的地方在于，永业集团在改造时采取的是集中供热和中央空调，这样就可以很大程度地节约空间和减少噪声。建信住房作为与永业集团长期合作的企业，在卢宛 816 项目的合作中，积极提供技术支持，利用自己的数字化平台，助力该项目的运营管理。同时，积极推荐公寓配套商铺入驻"建行生活"平台，联动建行上海第四支行为租客办理银行卡，打造数字人民币体验区，定期提供定制化金融服务；线上及线下积极整合建行集团资源，构建"金融+租赁"生态圈，为年轻客群提供有品质的租住生活。双方通过紧密合作，持续帮助上海留住青年人才，引领形成"长租即长住，长住即安家"的新理念新格局（图 3-78）。

（2）小而精

卢宛 816 的规模较小，占地面积仅 620 平方米左右，总建筑面积为 4356 平方米。但项目小而精，其内部设施一应俱全，建信住房针对年轻人生活特点及审美需求，将一楼全部设置为公共空间，对公共区域进行规划设计，配置一些基础的家具家电，例如烘干机、微波炉等，打造开放式共享空间，分别设置休闲娱乐区、共享水吧、会客厅，以贴合公寓

图 3-78　室内环境

图 3-79　公共区域

产品的社交属性（图 3-79）；作为接待层和公共空间的一层内设置了快递柜、智能贩卖机及送餐机器人（图 3-80），并且配备有人脸识别系统、全天候安保及管家服务，做到智能便捷与安全管理两不误。

这里值得一提的便是送餐机器人服务。首先在租客入住时可以通过扫码绑定自己的房间号和手机号，将相关数据传输到机器人的终端。之后当租客点的外卖送到时，只需要将外卖放进机器人里，输入房间号，机器人就可以自己控制电梯，将客户的外卖送到门口。为了保证信息的正确性和

图 3-80　机器人送餐

及时性，机器人会在电梯里自动给租客打电话，告知餐品即将到达。如此一来，既保证了楼栋内的封闭式管理，无关人员没有机会乘坐电梯，大大提高了住户的生命财产安全，又实现了无接触配送，不仅很好地保证了租户的隐私，也节约了公寓管家的工作时间。

（3）都市丽人活动多

入住卢宛 816 的大部分都是收入相对稳定的高知人才，由于位置优越、管理规范和安全有保障，该社区很受高知女青年的青睐，所以租客群体中 90% 以上是女生，并且基本上都是"95 后"。

尽管卢宛 816 的项目体量不大，租户并没有很多，但是运营方依然会根据大家的闲暇时间来开展一些集体活动，利用一层的共享空间，不定期举办金融课堂、音乐节、烘焙教室、脱口秀、插画等有趣且能拉近彼此距离的小范围社交活动，以此让租户融入卢宛 816，感受家庭的温暖（图 3-81）。

图 3-81　集体活动

上海建信住房和永业集团通过合理分工、紧密合作,将原本闲置的老公房改造成黄浦的华丽新居,共同探索租赁社区的生态边界,将保障性租赁住房与城市更新有机结合,为来自五湖四海的人才创造良好的生活环境,进一步提升上海这座国际化大都市的吸引力和竞争力。

第四章
Chapter 4

高效能管理：提升城市人民住房的获得感
High-Efficiency Management: Enhancing the Sense of Acquisition of Urban People's Housing

上海通过打造精准完善的政策体系，实现了更好地筹集、管理好房源。随着政策不断细化，目前上海已经基本形成了覆盖规划、建设、管理、服务全生命周期的较为完善的保障性租赁住房"1+N"政策体系。"1"是由上海市政府办公厅印发的《关于加快发展本市保障性租赁住房的实施意见》。"N"是由上海市政府各相关部门分别制定出台的项目认定、土地供应、建设管理、改建纳管、园区配套、税费优惠、租金定价、供应管理、租赁服务等各项配套政策细则。"1+N"政策体系为上海保障性租赁住房规范、有序发展提供了制度支撑和保障，使各区项目规范有序地开展。

在保障性租赁住房政策支持中，各部门联合发力，在土地供应、公共事业服务、信贷支持、公积金提取等方面形成了畅通联动的协同机制。首先，在土地的供应上，通过优化和细化操作过程，有力地保障了保障性租赁住房的发展。其次，上海市发展改革委出台文件规定非居住用地上新建、改建的保障性租赁住房，用水、用电、用气、有线电视价格按照居民标准执行。在信贷支持方面，拓宽了融资渠道，解决了保障性租赁住房持有经营期间中长期融资难题。除此之外，上海市公积金管理中心制定了配套的操作细则，明确提取住房公积金支付保障性租赁住房房租的条件、限额、材料、方式和渠道等内容，加大住房公积金对新市民、青年人缓解住房困难的支持力度。在定价管理上，上海市房地产估价师协会制定本市租赁住房租金评估指引，促进租金评估科学化、规范化。

保障性租赁住房建设周期长、资金占用大、利润空间有限，在加快建设供应过程中，国有企业发挥了压舱石的作用。从市级国有企业到区级国有企业，在建设、管理、金融支持等方面，形成以国有企业为主体的多渠道、多层次保障性租赁住房的支持体系。

随着中国保障性租赁住房体系的不断完善，民营经济也积极承担社会责任，一系列由民营经济打造的租赁住房品牌公司应运而生，为保障性租赁住房的运营与管理服务提供必要的支持，进一步激发了保障性租赁住房的市场活力。

为了建立规范有序的保障性租赁住房的供需匹配机制，政府引导建立了保障性租赁住房定向供应机制、优先供应机制、包租供应机制、拆套供应机制，其中"建设者管理者之家"是保障性租赁住房供应机制完善过程中浓墨重彩的一笔，旨在满足城市建设行业施工人员和基础公共服务行业一线职工的租赁需求，积极在保障性租赁住房中探索提供低租金、可负担的"一张床、一间房"产品形态，彰显了上海市的温度和包容。

Shanghai has built a complete policy system to better raise and manage the housing resources. With the continuous refinement of policies, Shanghai has basically formed a relatively complete "1 + N" policy system for affordable rental housing that covers the whole life cycle of planning, construction, management and service."1" is the *Implementation Opinions on Accelerating the Development of Government-subsidized Rental Housing in the City* issued by Shanghai Municipal Government."N" is the supporting policies and detailed rules, such as project identification, land supply, construction management, reconstruction management, park support, tax preference, rent pricing, supply management and rental service, formulated by the relevant departments of the municipal government respectively. The "1 + N" policy system provides institutional support and guarantee for the standardized and orderly development of affordable rental housing in Shanghai, and enables the projects in all districts to be carried out in a standardized and orderly manner.

In the support of affordable rental housing, all government departments have made joint efforts to form a smooth and interconnected coordination mechanism in land supply, public utility services, credit support, and provident fund withdrawal.

1. In the supply of land, the Municipal Planning and Resources Bureau has effectively guaranteed the development of affordable rental housing by optimizing and refining the operation process.

2. The Municipal Development and Reform Commission issued a document stipulating that the price of water, electricity, electricity, gas and cable TV of affordable rental housing on non-residential land shall be implemented in accordance with the resident standards.

3. The Municipal Financial Affairs Office proposed to support the credit financing of affordable rental housing projects and solve the medium and longterm financing problems during the holding and operation of affordable rental housing.

4. The Municipal Provident Fund Management Center has formulated supporting operating rules, clarifies the conditions, limits, materials, methods and channels for the withdrawal of the housing provident fund to pay the rent of affordable rental housing, and increases the support of the housing provident fund for new citizens and young people to alleviate housing difficulties.

5. The Municipal Association of Real Estate Valuers formulates the municipal rental housing rent assessment guidelines to promote the scientific and standardized rent assessment.

6. Strengthening enterprise linkage "service + regulation" mode, set up special service window, provide tenants with "face to face" application consulting and services, and establish a digital management platform, as a whole housing, provide tenants demand matching one-stop rental service, at the same time strengthen the project specification operation regulation, improve the quality of

the tenants rented.

In 2022, China Resources Youtha REITs has successfully listed, which is the first affordable rental housing REITs project with single rental housing land （Rr 4） and collective operational construction land in China. The underlying assets of the project are two affordable rental housing projects developed and operated by China Resources Land — Youtha Sijing Project and Youtha East Economic Development Zone Project.

The construction of affordable rental housing has a long cycle, large capital occupation and limited profit space. In the process of accelerating the construction and supply, state-owned enterprises have played the role of ballast stone. From municipal state-owned enterprises to district-level state-owned enterprises, Shanghai has formed a multi-channel and multi-level affordable rental housing support system with state-owned enterprises as the main body in terms of construction, management and financial support.

Shanghai Real Estate is the local state-owned enterprise with the largest number of affordable rental housing in the city. In the construction, the company constantly optimizes the construction methods and pursues quality innovation, including the improvement of insulation materials, the use of basement planting roof protection siphon drainage collection system, and innovative technology to improve the long-term living quality of housing.

Shanghai Urban Investment Corporation is a state-owned oversized enterprise group specializing in urban infrastructure investment, construction and operation management. In recent years, it has been practicing the development and operation of "Chengtou Kuanting" brand affordable rental housing. Through the control and innovation of the whole process covering planning and design, construction system, technical system, operation management and other links, it creates a rental lifestyle in the new era.

Shanghai CCB Housing Company, a housing rental company established by China Construction Bank, supports the construction of affordable rental housing with the help of professional and financial advantages. It supports the development of affordable rental housing in various forms, such as credit support and participation in operation.

Xuhui Guaranteed Housing Operation Company is a state owned enterprise specializing in all kinds of affordable rental housing in Xuhui District. In 2018, the company began to build a "home" rental housing brand, that is the self-built and self-run affordable rental imitation, and through entrusted management, the social rental housing of individuals or enterprises is concentrated for the management of affordable rental housing. Professional "little housekeeper" team and home maintenance team, use wechat program to provide fine, intelligent one-stop service.

Shanghai Chengfang is a company specializing in rental housing and community business management. The company is committed to improving the operation capacity of affordable rental housing, improving the rental rate of projects, building an operation service system, providing better living experience, reducing costs and increasing efficiency, and improving management efficiency and profit. For example, in the Changning Gubei International Community Project, it is proposed to integrate art galleries, art bookstores and other business forms that reflect the urban cultural life into the commercial blocks, so as to meet the rental needs of the high-quality life of young people.

With the continuous improvement of China's affordable rental housing system, private capital also takes social responsibilities actively. A series of rental housing brand companies created by the private economy emerged, providing necessary support for the operation and management services of affordable rental housing, and further stimulating the market vitality of affordable rental housing. For example, Lingyu is a comprehensive service provider specializing in housing rental consulting, operation management and asset management services. Tangchao is a leasing operation company specializing in leasing business. Anxin is a specialized dormitory apartment rental operation company.

The resources of affordable rental housing are limited. How to supply the limited resources to the people who need them most is the key issue. Shanghai has introduced policies to guide a variety of rent allocation systems, and established a standardized and orderly matching mechanism between supply and demand.

Directional supply mechanism refers to the priority of affordable rental housing to the employees of surrounding enterprises and institutions. The charter supply mechanism means that enterprises around the project can rent a certain amount of housing and redistribute it to employees to rent. When employees rent their houses, they can also go through the procedures of lease record and residence permit. The priority supply mechanism refers to the two stages of centralized rent allocation and normal rent allocation when the project enters the market. Between them, the "centralized rent allocation stage" gives priority to the objects who have no houses in the city and meet the access conditions. After that stage, the project enters the "normal rent phase" and then implements "first come first rent, with the rental housing anytime".

For the problem of urban construction industry personnel and basic public service workers in the front, who lack dormitory apartment, Shanghai launched "a bed, a room, a home" and "home of builders and managers in new era" project, which guides affordable rental housing project through dividing units for dormitory beds, to sanitation and infrastructures operation maintenance personnel, and daily life service personnel such as delivery, domestic works, to provide affordable rental housing.

第一节
Part 1

精准系统的政策体系
Precise and Systematic Policy System

1. 政策放首位

在保障性租赁住房推进过程中，上海采用了加快形成政策体系的做法。原因是上海有单位租赁住房、公共租赁住房和 Rr4 租赁住房等前期供应管理的基础，并且在房源快速筹措阶段，此前一些制约这几类保障性租赁住房运营管理的问题在实践中逐步得以解决或正在解决，可以通过前瞻性的设计政策，更好地筹集、管理好房源，规范后期的经营。

在 2021 年 11 月上海市政府办公厅出台《关于加快发展本市保障性租赁住房的实施意见》的基础上，市住房城乡建设管理委、市房屋管理局、市规划资源局、市经济信息化委、市发展改革委等部门第一批次加快出台了促进保障性租赁住房供应管理的若干项配套细则。

一是关于房源的认定。《上海市保障性租赁住房项目认定办法（试行）》(下文简称《办法》) 明确了由各区保障性租赁住房工作领导小组及其办公室负责组织保障性租赁住房项目认定，并确立了以项目认定为引领，与办理用地和建设工程手续、享受财税和水电气支持政策之间有序衔接的政策路径。对既有租赁住房合规纳管项目和新实施项目，《办法》规定了不同的认定流程和认定要求；对新实施项目，着重强化保障性租赁住房"小户型"标准，要求 70 平方米以下户型住房建筑面积占项目住房总建筑面积的比例不低于 70%。《办法》还统一规范了项目认定申请表和项目认定书的式样及文本内容。

二是关于保障性租赁住房的供应对象和管理。《上海市保障性租赁住房租赁管理办法（试行）》对保障性租赁住房准入条件、审核程序、配租规则、租赁价格、租赁期限、租金收取、使用管理等予以全面规范。在准入条件上，细化了合法就业和住房困难的具体判断标准，结合通勤距离因素对不同区域保障性租赁住房分别明确了相应的住房面积计算区域范围。在配租规则上，明确了集中配租、常态化配租和轮候配租等不同阶段的管理要求，突出无房对象优先配租的导向，禁止出租单位挑客拒租，确保配租公平公正。在租赁价格上，明确保障性租赁住房初次定价在同地段同品质市场租赁住房租金九折以下，每年调价涨幅不得超过5%，且不得超过市房屋管理部门监测的同地段市场租赁住房租金涨幅；通过控制涨幅，稳定出租单位和承租人双方预期。在租赁期限上，规定单次租赁合同期限原则上不短于1年、不超过3年；合同到期后经重新审核仍符合准入条件的可以续租，不再符合准入条件的应当退出。

三是关于非居住存量房屋改建为保障性租赁住房。《本市非居住存量房屋改建为保障性租赁住房的实施意见》明确非居住存量房屋改建保障性租赁住房，由区政府（区保障性租赁住房工作领导小组）组织相关部门联合会审后予以预认定，改建工程实施纳入建筑装饰装修工程规范管理，经联合验收后，出具正式的项目认定书。改建项目认定和工程管理重点强化安全管控，坚持结构、消防、治安"三个安全"，土地性质、房屋性质、建筑容量"三个不变"，以及房屋权属清晰合法等原则，并将安全要求纳入施工图审查环节，依托审图机构专业力量从设计源头确保项目改建安全。

四是关于保障性租赁住房建设用地。《关于本市保障性租赁住房规划土地管理细则》围绕保障性租赁住房规划编制、土地供应、建设规划审批、不动产登记等四大环节明确相应的管理要求。在规划编制上，对保障性租赁住房用地按照"四类住宅用地（Rr4）"的专门类别进行管理。在土地供应上，细化了国家规定的保障性租赁住房五项用地政策的具体操作流程，以及对保障性租赁住房持有、转让、抵押等全生命周期的管理要求。在建设规划审批上，针对保障性租赁住房面向新市民、青年人供应的特点，对朝向、日照、退界、公共空间、配套设施等管理要求在住宅建筑设计规范基础上予以适当调整优化。在不动产登记上，明确了保障性租赁住房整体持有、不得分证办理以及转移登记、变更登记须经批准等管理要求。

五是产业园区中建设保障性租赁住房。《产业园区产业类项目配套建设保障性租赁住房建设指引（试行）》明确了产业园区保障性租赁住房项目以园区集中建设为主、企业自行建设为辅、非居住存量改建为补充的基本原则，对园区内集中建设保障性租赁住房的单独地块按"四类住宅用地（Rr4）"进行规划管理，并强调园区内的保障性租赁住房以宿舍型为主的基本要求。

六是非居住用地建设保障性租赁住房公共事业费价格。《关于本市非居住用地建设保障性租赁住房水电气、有线电视执行居民价格的通知》重点细化了装表到户项目（"一户一表"项目）和未装表到户项目在执行水电气峰谷价格、阶梯价格等方面的具体标准，为部分难以实施装表到户改造的非居改建类项目及时享受水电气民用价格明确了相应政策通道和标准，减轻了企业和租户负担。

此外，上海还增加三项支持政策，一是支持引导中央在沪企业，市、区国企和机关、事业单位，在符合规划前提下，通过多种方式建设供应保障性租赁住房，对参与保障性租赁住房建设的国企，有针对性地优化考核评价机制，进一步发挥好国企的主力军作用；二是落实保障性租赁住房承租家庭的未成年子女就地享受义务教育等基本公共服务；三是将保障性租赁住房全面纳入城市网格化管理、社区管理服务和物业服务范围。

随着若干项配套细则全面出台，上海市保障性租赁住房政策体系已基本健全，进入深化实施阶段。

2．政策成体系

随着政策不断细化，目前上海已经基本形成了覆盖规划、建设、管理、服务全生命周期的较为完善的保障性租赁住房"1+N"政策体系。"1"是由上海市政府办公厅印发的《关于加快发展本市保障性租赁住房的实施意见》。"N"是由上海市政府各相关部门分别制定出台的项目认定、土地供应、建设管理、改建纳管、园区配套、税费优惠、租金定价、供应管理、租赁服务等各项配套政策细则。"1+N"政策体系为上海保障性租赁住房规范、有序发展提供了制度支撑和保障，使各区项目规范有序地开展。

总体上看，在近两年的时间内，上海市政府出台了较为全面的促进保障性租赁住房的政策文件（表4-1），引导和支持了本市保障性租赁住房规范有序发展。

上海市政府的促进保障性租赁住房的政策文件　　　　　　　　　　表4-1

1个实施意见		《关于加快发展本市保障性租赁住房的实施意见》
若干配套政策	项目建设筹措方面	《上海市保障性租赁住房项目认定办法（试行）》
		《本市非居住存量房屋改建为保障性租赁住房的实施意见》
		《关于本市保障性租赁住房规划土地管理细则》
		《产业园区产业类项目配套建设保障性租赁住房建设指引（试行）》
	支持政策落地方面	《关于本市非居住用地建设保障性租赁住房水电气、有线电视执行居民价格的通知》
		《关于保障性租赁住房免缴城市基础设施配套费的通知》
		《〈关于本市提取住房公积金支付保障性租赁住房房租的通知〉操作细则》
	供应管理方面	《上海市保障性租赁住房租赁管理办法（试行）》
		《关于做好本市保障性租赁住房项目市场租金评估工作的通知》
		《上海市租赁住房租金评估指引（试行）》
		《关于规范开展保障性租赁住房调价工作的通知》

第二节
Part 2

畅通联动的协同机制
Coordinated Mechanisms for Unimpeded Linkage

1. 土地供应是首要的政策支持

上海充分使用了新增国有建设用地，集体经营性建设用地，企事业单位依法取得存量使用权的土地，产业园区中工业项目配套建设行政办公及生活服务设施的用地，闲置和低效利用的商业办公、旅馆、厂房、仓储、科研教育等非居住存量房屋等加大租赁住房建设供应。

（1）全面落实国家明确的建设渠道

在切实尊重农民意愿、不损害农民集体权益的基础上，在符合规划、依法登记、权属清晰的前提下，支持乡镇统筹利用城区、靠近产业园区或交通便利地区等区域的集体经营性建设用地，建设保障性租赁住房。农村集体经济组织可以通过自建或联营、入股等方式，合作建设运营保障性租赁住房；稳妥推进通过集体经营性建设用地出让等方式，建设运营保障性租赁住房。探索构建集体建设用地建设租赁住房融资渠道以及收益分配和利益平衡机制。

对企事业单位依法取得使用权的自有闲置土地，在联合认定且符合规划、权属不变、满足安全要求、公共服务和市政交通等配套设施可承载、尊重群众意愿的前提下，允许用于建设保障性租赁住房，并变更土地用途，不补缴土地价款，原划拨的土地可以继续保留划拨方式。

在确保安全的前提下，可以将产业园区中产业类项目配套建设行政办公及生活服务设施的用地面积占项目总用地面积的比例上限由7%提高到15%，提高部分主要用于建设宿舍型保障性租赁住房。鼓励产业园区加强统筹规划，将各产业类项目的配套比例对应的用地面积或建筑面积集中起来，统一建设宿舍型保障性租赁住房。

在符合规划原则、权属不变、满足安全要求、尊重群众意愿的前提下，允许非居住存量房屋改建为保障性租赁住房，在用作保障性租赁住房期间，不变更土地使用性质，不补缴土地价款。对既有的非居住存量房屋改建租赁住房项目，经区政府组织区相关部门联合验收合格的，可以办理保障性租赁住房认定手续。对新实施的非居住存量房屋改建保障性租赁住房项目，由区政府组织区房屋管理、规划资源、建设管理、消防等部门联合审查改建方案后，办理保障性租赁住房认定手续以及立项、规划、施工、消防等手续，竣工后实施联合验收。非居住存量房屋改建保障性租赁住房的租赁运营期限应当为5年以上。

新出让商品住房用地继续配建不少于5%的保障性住房，无偿移交政府；继续配建不少于15%的开发企业自持租赁住房，主要用作保障性租赁住房，在土地出让合同中进行约定，并鼓励各区统筹配建面积，集中实施配建。集中实施配建的保障性租赁住房，应当先于商品住房供地或者同时供地。单独选址的租赁住房用地，主要用于建设保障性租赁住房，在土地出让合同中进行约定，土地出让价款可以分期收取。

（2）创设 Rr4 租赁住房用地类别

2017年7月，上海对集中新建的租赁住房项目创设"四类住宅用地（Rr4）"专门类别进行管理，并明确此类地块全生命周期管理要求（图4-1）。

国家保障性租赁住房政策出台后，2022年1月，上海印发了《关于本市保障性租赁住房规划土地管理细则》，进一步明确保障性租赁住房用地在规划用地分类中对应"四类住宅用地（Rr4）"。在控制性详细规划和郊野单元村庄规划编制中，可在普适图则备注栏明确类型。混合用地中保障性租赁住房用地比例小于等于10%的，可直接在用地性质中兼容，大于10%的应当在用地性质中予以明确。

（3）制定租赁住房用地基准地价体系

为使保障性租赁住房土地价格规范有依据，上海制定了租赁住房用

关于印发《关于本市保障性租赁住房规划土地管理细则》通知

各区规划资源局、各派出机构：

为贯彻落实《关于加快发展本市保障性租赁住房的实施意见》（沪府办规〔2021〕12号），积极推进本市保障性租赁住房建设，指导本市保障性租赁住房规划土地管理工作，我局制定了《关于本市保障性租赁住房规划土地管理细则》。现予印发，请按照执行。

图 4-1　上海市规划和自然资源局文件

上海市城乡建设用地基准地价成果（2020年）

一、基准地价内涵

本次基准地价是分用途分级别建设用地在一定设定条件下的土地使用权平均价格。本成果中的城镇区域是指《上海市城市总体规划（2017-2035年）》划定的（城镇空间）城市开发边界范围内区域，乡村区域是指（城镇空间）城市开发边界范围外区域。具体地价内涵如下：

1. 基准日

2020年1月1日。

2. 用途

分为住宅用地、商业用地、办公用地、研发用地、工业用地、公共管理与公共服务用地六大类，并细分为十二小类。

（1）住宅用地

商品住房用地：符合相关管理文件规定，用于生活居住的房屋用地及其附属设施用地，地上房屋建筑可作为商品在市场销售交易。

租赁住房用地：全持有的市场化租赁住房等住宅组团用地。

图 4-2　上海市租赁住房用地基准地价体系

地基准地价体系，即在上海市城乡建设用地基准地价成果（2020年）中，专门增加了租赁住房用地——全持有的市场化租赁住房等住宅组团用地。

在保障性租赁住房政策出台后，要求新供应保障性租赁住房用地地价按照上海租赁住房价格体系执行，出让人应根据保障性租赁住房用地市场评估价格，结合上海保障性租赁住房市场实际情况，以及保障性租赁住房用地前期储备情况、全生命周期管理要求，经集体决策，综合确定地块出让起始价或底价，使保障性租赁住房用地始终处于较低的价格水平，保障了人民的利益，同时减轻了建设运营单位的成本（图4-2）。

（4）各方挖掘潜力增加租赁住房用地

市区两级土地管理部门，通过增量、存量并重，挖掘潜力，有效增加保障性租赁住房用地供应，国有资产管理部门也积极鼓励相关企业，将存量闲置、低效用地转化为保障性租赁住房用地。截至2022年底，全市累计供应租赁住房用地近200幅，可建保障性租赁住房20余万套。

2. 公共事业服务价格优惠

租赁住房享受民用水电气价格一直是大家追求的方向，但许多项目由于各种困难并没有真正实现。保障性租赁住房政策出台以后，从根本上解决困难，租户不仅享受到了民用水电气价格，还享受到了民用有线电视价格。

有了政策文件办事不再难

乐城活力社区是一个非居改造类保障性租赁住房项目，住户为了执行民用水电价格多次咨询水务部门，但由于分户表、门牌号、政策通知尚未传达等问题，始终难以解决水电民用的问题。拿到《关于本市非居住用地建设保障性租赁住房水电气、有线电视执行居民价格的通知》文件，找到政策依据后再去找相关公共事业类公司，使得乐活社区项目的水电实施民用价格变得顺利许多。

《关于本市非居住用地建设保障性租赁住房水电气、有线电视执行居民价格的通知》是由上海市发展改革委于2022年初出台的文件，主要解决非居住用地建设的保障性租赁住房执行民用水电价格等问题。规定非居住用地上新建、改建的保障性租赁住房，取得保障性租赁住房项目认定书后，用水、用电、用气、有线电视价格按照居民标准执行。其中，"一户一表"电力用户执行峰谷、阶梯居民电价，未装表到户的用户执行居民合表电价；"一户一表"用水户执行居民阶梯水价，未装表到户的用户用水执行居民生活类价格标准（参照学校教学和学生生活用水价格标准）；"一户一表"燃气用户执行居民阶梯气价。

3．信贷政策进一步提供支持

金融方面，落实长期贷款、发行债券和发行基础设施不动产投资信托基金（REITs）等三项国家支持政策，拓宽融资渠道，解决保障性租赁住房持有经营期间中长期融资难题。

支持银行业金融机构按照规定向保障性租赁住房自持主体提供长期贷款，向改建存量房屋形成非自有产权保障性租赁住房的住房租赁企业提供贷款，鼓励商业银行创新对相关住房租赁企业的综合金融服务；落实建设保障性租赁住房的集体经营性建设用地使用权可以办理抵押贷款的政策；积极配合推进落实保障性租赁住房贷款统计调查制度，在实施房地产信贷管理时，予以差别化对待。

支持银行业金融机构发行金融债券，募集资金用于保障性租赁住房贷款投放。鼓励符合条件的企业发行公司信用类债券，用于保障性租赁住房建设运营；支持商业保险资金参与保障性租赁住房建设；加大住房公积金对保障性租赁住房的支持力度。

在确保保障性租赁住房资产安全和规范运行的前提下，试点推进以保障性租赁住房为基础资产的基础设施不动产投资信托基金。

（1）建立金融对接机制

上海市住房城乡建设管理委、上海市房屋管理局与建设银行、国家开发银行等重点金融机构进行了对接，会同人民银行上海总部组织开展了银企对接会以及10家上海主要金融机构参加的保障性租赁住房政策专场宣讲培训会。上海市住房城乡建设管理委、上海市房屋管理局会同建设银行上海市分行制定了建设银行深度参与保障性租赁住房工作的一揽子工作方案并启动实施。

以建设银行上海分行为例，到 2023 年上半年末，共支持各类住房租赁项目 96 个，签约贷款金额超 420 亿元，贷款余额超 225 亿元。其中，重点支持保障性租赁住房项目 60 个，贷款余额超 152 亿元。贷款不仅期限长，而且优惠力度大，平均贷款期限超过 25 年，平均贷款利率低于贷款市场报价利率（LPR）水平。

（2）全生命周期、多类型金融工具支持

如城开汇社区保障性租赁住房项目是一个新建项目，建设银行提供了优惠信贷，成为项目从建设到运营的重要支持。建设银行给城方运营公司的经营贷款，主要用于项目及配套项目的前期改造装修、家居家电采购、运营管理等，贷款期限可达八年。

目前建设银行向保障性租赁住房建设运行机构发放的贷款覆盖到了建设、运营、管理各环节，提供了全方位的信贷工具支持，具体有以下五个子产品。

一是住房租赁支持贷款，用于在自持用地、租赁用地、其他商品房用地等国有建设用地以及集体建设用地上新建房屋用于住房租赁业务的融资需求。

二是住房租赁购买贷款，用于满足借款人购买房屋用于住房租赁的融资需求。

三是住房租赁抵押贷款，指借款人为了盘活持有的不动产资产，以租赁住房进行抵押融资，用于住房租赁经营期间改造、装修等资金需求以及借款人统筹安排的其他合法资金需求，其中包括用于置换该物业的银行贷款及股东借款等负债性资金以及超过前期开发建设项目资本金或购买房屋首付款比例之上的资金。

四是住房租赁应收账款质押贷款，指借款人不具有租赁住房所有权且房屋所有权人不提供抵押，或因法律法规规定不能提供抵押的，为了盘活应收租金等应收账款资产，以住房租赁业务应收账款进行质押融资，用于满足住房租赁经营期间改造、装修等资金需求以及借款人统筹安排

的其他合法资金需求。

五是住房租赁经营贷款，指不符合以上贷款用途和适用范围，用于支付租金、改造装修租赁住房、家具家电配置等前期投入以及住房租赁业务日常运营维护等经营周转用途的融资。

对于已申请住房租赁贷款用于开发建设、购买租赁住房的企业，如果借款人进入运营期后仍有融资需求，可根据企业持有押品、应收账款情况，合理测算贷款额度，申办住房租赁抵押贷款、住房租赁应收账款质押贷款等新增用途，并可用于归还存量住房租赁支持贷款、住房租赁购买贷款。

（3）成立租赁基金

为进一步助力各地租赁住房发展，解决住房租赁领域长期资本投入不足、传统债务工具覆盖不够等问题，化解房企潜在风险，着力探索租购并举的房地产发展新模式，2022年9月，经国务院批复同意，建设银行以自有资金设立建信住房租赁基金，首期基金规模300亿元。基金以市场化、法治化、专业化运作，投资并盘活房企存量资产以增加保障性租赁住房和长租房供给。

建信住房租赁基金在全国完成收购项目13宗，总投资规模超40亿元，向市场提供长租房约7600套。其中在上海完成收购绿地控股、景瑞地产名下3个住房租赁项目，总投资规模超10亿元，房源超1000套。目前，基金在上海地区储备项目超10个，对应资产规模超70亿元。

建信住房租赁基金首个收购项目在上海落地

2022年10月，基金收购的全国首个项目景瑞项目在上海落地（图4-3）。

图 4-3　景瑞项目

4．住房公积金助力供需双方

（1）住房公积金持续助力租房需求

上海住房公积金支持职工租房政策始于 2009 年 10 月，期间分别于 2010 年 9 月、2014 年 8 月和 2015 年 4 月经历了三次修改，不断完善、简化手续。从廉租房扩展到公租房和商品房，再到 2022 年出台了住房公积金支付保障性租赁住房房租的政策。随着政策的不断完善，越来越多的市民可以通过提取住房公积金支付房租。从上海市住房公积金近五年的年度报告也可以看出，提取住房公积金用于租赁住房的金额在逐年递增，从 2018 年的 67.72 亿元增加至 2023 年的 182.80 亿元（表 4-2）。

用于租赁住房的住房公积金提取金额　　　　　　　　　　　　　　　表 4-2

年份	2018	2019	2020	2021	2022	2023
提取金额（亿元）	67.72	106.55	118.85	123.67	150.83	182.80

（2）更高的住房公积金提取额度与更便捷的申请程序

为落实《关于加快发展本市保障性租赁住房的实施意见》，加大住房公积金对新市民、青年人缓解住房困难的支持力度，上海市住房公积金管理委员会于2022年10月出台了《关于本市提取住房公积金支付保障性租赁住房房租的通知》，上海市住房公积金管理中心制定配套的操作细则，明确提取住房公积金支付保障性租赁住房房租的条件、限额、材料、方式和渠道等内容。

一是放宽提取条件。 按照上海关于保障性租赁住房准入条件等相关政策的规定，已经租赁上海市政府主管部门认定且纳入统一管理的保障性租赁住房且已按规定办妥租赁备案的职工及配偶，符合连续足额缴存住房公积金满三个月，满足在上海无住房公积金贷款、无委托提取住房公积金归还住房贷款等生效中提取业务条件的，可申请提取住房公积金支付保障性租赁住房房租（图4-4）。

二是提高提取限额。 为进一步缓解保障性租赁住房承租职工支付房租的经济压力，对于符合条件的承租职工申请提取住房公积金支付保障性租赁住房房租的，每户家庭（含单身家庭）月提取金额不超过当月实际房租支出，最高月提取限额为4500元。相较于承租市场租赁住房月最高提取3000元的限额，保障性租赁住房每月能提取的住房公积金限额更高，能够更好地减轻租户在上海的生活压力。

图4-4 住房公积金提取条件

三是优化办理流程。职工申请提取住房公积金支付保障性租赁住房房租的,可"零材料""零跑动",全程通过上海市住房公积金管理中心官方线上渠道或"随申办"App 提交申请,同时企业可授权委托上海市住房公积金管理中心查询、核验本人及配偶租赁信息等,审核通过后,住房公积金在租赁合同有效期内按月转入本人银行账户。职工也可以选择在先行支付租赁费用后向上海市住房公积金管理中心区管理部申请一次性提取住房公积金(图 4-5)。

图 4-5 住房公积金申请办理流程

到 2023 年 12 月底,保障性租赁住房可提取住房公积金支付的政策实施了约一年时间,累计办理提取 22774 笔,提取金额 8581.33 万元。其中通过"保障性租赁住房一件事"渠道办理提取 11628 笔,提取金额 4289.22 万元。

(3)住房公积金长期助力保障房供应

2011 年 5 月以来,为进一步发挥住房公积金在住房保障方面的重要作用,贯彻落实国家及上海相关文件及会议精神,上海市住房公积金管理中心首创使用廉租房建设补充资金收购及新建公租房项目。目前共收购及新建了三个公租房项目,分别是杨浦区新江湾城尚景园项目、闵行区梅陇镇晶华坊项目以及闵行区颛桥镇慧馨苑项目。三个公租房项目共向社会供应4871套房源，为上海公共租赁房的供应做出了积极贡献。

住在住房公积金筹集的保障性租赁住房，提取公积金支付租金

蒋女士大学毕业后决定在上海继续奋斗。她入职了心仪的单位，即便如此，对于刚步入社会的她来说，第一年的工资并不太够用。

"一开始，我通过中介平台去找了一些租赁房源，不是租金太贵就是距离太远，甚至有个阿姨，在厨房门口放了一张床开价1500元一个月。"蒋女士说。谈起租房的乌龙事件，她仍是哭笑不得。

"在上海工作三年多，我先后和四位陌生人合租，但我们作息时间不同步，生活诸多不便，总觉得自己的生活被打扰，找不到归属感。"蒋女士在采访中感慨道。

然而，当蒋女士得知自己满足保障性租赁住房的租赁条件时，她毫不犹豫地前去申请了保障性租赁住房。她了解到上海晶城晶华坊离公司距离近且租金便宜，一室一厅50平方米左右，只需要2300～2600元。经过排队轮候，她选择了一套一室一厅。

"以前我3000元只能租到一个没有独卫的小房间，现在竟然2400元能租到一室户，不用再和别人挤着用卫生间了，真是想都不敢想，并且我的生活环境得到了很好的改善。"蒋女士开心地说。

在这里，她终于找到了"家"的感觉。租赁房内不仅有客厅、开放式厨房、卫生间、淋浴房，还有一个大大的阳台可以晾晒衣物。

关于支付房租，蒋女士也向我们分享了她的经历。"经过现场工作人员的介绍，我可以选择在'随申办'上申请提取住房公积金支付房租，申请不需要任何线下跑腿和纸质材料，等待审核通过即可在月底打款到个人指定账户。并且我申请的保障性租赁住房项目还可以选择'冲还租'支付房租，通过我的约定授权，可以将住房公积金账户金额直接支付每月租金，简直太方便了！我再也不用操心我的房租支付问题了。"

5. 保障性租赁住房 REITs 项目试点

不动产投资信托基金（简称 REITs）是国际上较成熟的发展租赁住房的金融工具，实施已经有半个世纪以上，但在我国还处于探索和试点阶段。2021 年 6 月，国家发展改革委发布了《关于进一步做好基础设施领域不动产投资信托基金（REITs）试点工作的通知》，明确指出各直辖市及人口净流入大城市的保障性租赁住房项目被纳入基础设施公募 REITs 试点项目。

2022 年 2 月 16 日，《中国银保监会、住房和城乡建设部关于银行保险机构支持保障性租赁住房发展的指导意见》为进一步加强对保障性租赁住房建设运营的金融支持提出意见。2022 年 5 月 19 日，国务院办公厅印发《关于进一步盘活存量资产扩大有效投资的意见》，明确提出要推动基础设施 REITs 健康发展，并将保障性租赁住房纳入试点范围。2022 年 5 月 24 日，中国证监会与国家发展改革委联合印发了《关于规范做好保障性租赁住房试点发行基础设施领域不动产投资信托基金（REITs）有关工作的通知》，严格落实房地产市场调控政策，在发起主体、回收资金用途等方面构建了有效的隔离机制，并压实了参与机构责任，防范 REITs 回收资金违规流入商品住宅和商业地产开发领域。支持条件成熟的地区推出保障性租赁住房 REITs 项目，正式启动相关试点工作，为行业带来了良好的示范作用。2022 年 12 月 9 日，华润有巢 REITs 成功上市，是国内首单 Rr4 租赁住房用地和集体经营性建设用地上的保障性租赁住房 REITs、首单市场化租赁企业投资运营的保障性租赁住房 REITs、首单由央企作为原始权益人的保障性租赁住房 REITs。华润有巢 REITs 在发展改革、金融、国资、土地、房管等多部门协调基础上最终得以实现（图 4-6）。

图 4-6 华润有巢 REITs 成功上市

（1）REITs 需要优质底层资产

华润有巢 REITs 的底层资产是由华润置地旗下房屋租赁住房公司开发经营的两处保障性租赁住房项目——有巢泗泾项目和有巢东部经开区项目。

以泗泾项目为例，周边配套较完善，生活较便利，距离松江区九亭中心直线距离约 4.6 千米，距离最近的地铁站约 2.4 千米。该项目还提供了班车接驳服务，包括项目与地铁站、闵行万象城之间的接驳线路，工作日和非工作日都有多个班次。

项目总建筑面积 3.2 万平方米，共 5 幢楼，其中 1~4 号楼为租赁公寓，5 号楼为配套社区商业，配备大约 500 个车位和能源充电桩。该项目有 1264 套（间）房源，以中小套型为主，包括精致全能一室（约 40 平方米）、精致一室（约 35 平方米）和奢阔套房（约 60 平方米）三种房型。

公寓的室内配置齐全,智能门锁、空调、洗衣机、冰箱、热水器、油烟机等设备一应俱全,租户无需额外购置家电和家具,入住时即可享受舒适的居住环境(图4-7)。项目在2021年3月建成开业的头4个月,入住率就超过90%,随后一直保持在93%。

图4-7　有巢泗泾项目室内实景图

(2)发行REITs是一个自然的过程

2018年,华润置地创立长租公寓品牌"有巢",该品牌正式发布后,在上海落地了松江区的两个租赁住房用地项目,分别是泗泾项目和东部经开区项目。其中泗泾项目的土地同时也是全国33个集体土地入市试点的区域之一，拥有集体土地公开入市的机会，这也使得华润集团更加坚定地将有巢这个项目推进下去。

据华润介绍，在保障性租赁住房政策出台之前，他们就已经在和相关部门保持沟通；华润一直非常积极地拥抱国家的政策，而恰好发行公募REITs也必须要将其纳入保障性租赁住房；这两个方面与华润都是契合的，因此发行REITs也是顺水推舟的事情。

华润负责人也表示，他们以服务国家战略、大力发展租赁住房为品牌使命，深度参与保障性租赁住房建设。保障性租赁住房搭上REITs试点的快车道，产生的社会效应极大。从投资端来看，保租房经营具有较强的抗周期属性，能够为投资人带来持续、稳定的回报。他认为，REITs实现了保租房"投、融、建、管、退"闭环发展，重构了租赁住房行业的商业模式。华润有巢基于REITs上市平台，战略转型为公寓资管商，实现了投融资良性循环。

（3）REITs顺利发行

2021年下半年，华润有巢就开始遴选券商和发行的中介机构，包括评估、审计、法务等，为之后REITs的顺利发行打好基础。2021年10月确定"中信证券＋华夏基金"为财务顾问及管理人机构，选聘戴德梁行为评估机构，安永为审计机构，汉坤为法律顾问，德勤为税务顾问。

2022年1月，华润有巢泗泾项目和东部经开区项目取得了保障性租赁住房认定。在完成租金备案后，华润有巢申报上海市发展改革委，开启了正式发行REITs的申报过程。在此期间，华润有巢与上海市发展改革委进行了紧密对接。华润有巢的运营负责人徐女士介绍，上海市发展改革委多次主动沟通进度，也会关心过程中有什么困难，需要哪些支持。华润有巢在REITs发行过程中也一直积极和相关部门沟通对接，定期汇报进度，最终促成了项目成功发行。

2022年7月上海证券交易所发布并施行《上海证券交易所公开募集基础设施证券投资基金（REITs）规则适用指引第4号——保障性租赁

住房（试行）》，为有巢提供了政策依据。2022 年 12 月 9 日，华润有巢 REITs 在深圳举行上市仪式，标志着业内首个市场化机构运营的保障性租赁住房公募 REITs 正式上市（图 4-8）。

时间（2022 年）	节点
1 月 16 日、25 日	底层资产泗泾项目、东部经开区项目分别取得保障性租赁住房认定书
3 月 18 日	两项目完成租金备案
3 月 7 日	申报上海市发展改革委
4 月 24 日	国家发展改革委、中国证监会发布《关于推进基础设施领域不动产投资信托基金 (REITs) 试点相关工作的通知》
5 月 15 日	上报国家发展改革委
7 月 15 日	上海证券交易所发布《上海证券交易所公开募集基础设施证券投资基金（REITs）规则适用指引第 4 号——保障性租赁住房（试行）》 深圳证券交易所发布《深圳证券交易所公开募集基础设施证券投资基金业务指引第 4 号——保障性租赁住房（试行）》
8 月 7 日	取得国资委同意发行并豁免进场交易的批复
8 月 31 日	前三单政府平台公司保障性租赁住房 REITs 上市
9 月 21 日	由国家发展改革委推荐至中国证监会
9 月 22 日	正式向中国证监会及交易所申报
10 月 27 日	提交项目封卷
11 月 1 日	正式获得中国证监会及上海证券交易所批复
12 月 9 日	上海证券交易所上市交易

图 4-8　发行 REITs 的重要时间节点

上海首单 REITs 的发行顺利程度超出了预期。华夏基金华润有巢 REITs 网下询价结果显示，网下询价阶段，基金管理人和财务顾问通过上交所 REITs 询价与认购系统共收到 107 家网下投资者管理的 432 个配售对象的询价报价信息，拟认购数量总和为 298.53 亿份，为初始网下发售份额数量（1.4 亿份）的 213.24 倍，刷新已有公募 REITs 网下询价纪录。

随着项目的落地和推进，华润有巢的发展战略也更加清晰，在未来将通过有巢已经发行的 REITs 平台不断地进行滚动扩募。通过收购新的项目开发、建设经营扩募进入华润有巢 REITs，使用回流的基金再去盘活新的项目，持续做大有巢 REITs 的平台规模和有巢轻资产管理规模，以构建重资产和轻资产"两条腿走路"的战略模式。

6. 政企联动的"服务+监管"模式

徐汇区保障性租赁住房（人才安居）服务专窗于2023年5月在徐汇区房产交易中心大楼揭牌。当天还成立了上海市第一支保障性租赁住房巡查监管队伍，以便通过强化"服务+监管"模式，缓解新市民、青年人的阶段性住房困难，提高安居品质。

近年来，针对区内房屋租赁需求大、保障性租赁住房项目运营单位多、分布广等特点，徐汇区认真践行"人民城市"重要理念，着力推进保障性租赁住房和人才公寓的建设筹措和供应，努力满足新市民、青年人对美好居住生活的向往，助力企业引才聚才留才。

一是搭建咨询服务平台，优化服务体验。通过设立服务专窗，为在徐汇工作、生活的新市民、青年人提供便捷的租赁房源咨询服务（图4-9），可"一对一"指导协助申请房源、办理入住；同时，也为各保障性租赁住房项目从建设、改建到备案纳管提供全流程的指导服务。

二是推动项目规范运营，提升租房感受。强化事中事后监管，加强房管部门、属地街镇、城管执法等部门协作，加大对保障性租赁住房项目的巡查监管力度，推动项目方经营规范化、服务优质化、房源品质化（图4-10）。

图4-9 保障性租赁住房咨询服务专窗

图4-10 保障性租赁住房巡查办公室

图 4-11　保障性租赁住房数字管理平台

三是打造数字管理平台，加强资源统筹。加快推进徐汇区保障性租赁住房综合管理系统（光启人才安居服务平台）建设，强化数据赋能，精准匹配需求，提供一站式的租房服务、实现全项目动态监测，统筹发挥保障性租赁住房作用，促进人才安居，职住平衡（图 4-11）。

在漕河泾开发区工作的白领小李入住了上海南站地区的城开汇保障性租赁住房小区，这里不仅设施完善、交通便利，周边还配置了年轻白领需求较大的各类简餐餐厅、咖啡厅等配套设施。除了可以享受保障性租赁住房优惠政策之外，像小李这样在沪工作的白领还可以使用公积金抵扣房租。相关信息除了通过"随申办"App 等平台在线获取，还可前往位于上中路 466 号的徐汇区不动产登记和房产交易服务大厅的保障性租赁住房咨询窗口具体了解优惠政策、租金价格、可租房源等信息。

7．协会引导租金评估科学化、规范化

为贯彻落实《关于加快发展本市保障性租赁住房的实施意见》，规范保障性租赁住房定价管理，上海市房屋管理局委托上海市房地产估价师协会制定上海市租赁住房租金评估指引。2021 年下半年至 2022 年上半年，协会邀请上海市房屋管理局相关处室及评估机构等多部门开展"保障性租赁住房租金评估指引"专项课题研讨（图 4-12），同时也深入保障性租赁住房项目开发和运营企业实地调研。

根据《房地产估价规范》和《上海市保障性租赁住房租赁管理办法（试行）》等规定，2022 年 6 月上海市房地产估价师协会出台《上海市租赁住房评估指引（试行）》，对评估过程中的方法选用、取值依据和流程

图 4-12　多部门参与课题研讨会

图 4-13　保障性租赁住房专题研讨会

规范等重点问题给出指导性意见（图 4-13）。

保障性租赁住房，不同于其他保障住房的筹措模式，其筹措渠道多元，成本构成繁杂，权属关系复杂，运营模式多种多样，运用成本法评估时相关成本费用资料较少，尤其是非居住存量房屋改建租赁住房在拆分为套时，很多项目没有可靠的、经测绘确认的面积数据，单套（间）租金和平均租金的估算遇到很多困难。

集中式运营租赁项目,市场可比交易案例很少,尤其是保障性租赁住房,周边可比的同质租赁住房更少,那么运用比较法评估时如何选择可比因素,如何量化修正系数,成为很多评估过程的难点。

协会在评估行业多次组织专题学习和交流研讨活动(图4-14),强调保障性租赁住房评估既是技术问题,又是民生问题,评估机构在完成租金评估之后,需要和项目企业、政府监管部门以及租户保持更长期的沟通交流,不断优化评估思路,积累评估数据和案例,让租金评估工作能更好地服务于租金监管工作,服务于保障性租赁住房市场的可持续、健康发展。

评估实践中,一些评估机构发挥各自专业优势,不断探索如何把报告做得更加扎实、可靠,既充分反映项目投资方的成本投入和品质价值,兼顾项目的经营风险,使租金能够保证项目运营的可持续性;同时也保障租金在目标客户群体可支付、可承受范围之内。比如评估机构会在租金评估报告中分析上海不同区域板块、不同类型住宅租金分布变化;会分析目标客户群体的收入、年龄、租赁需求偏好等特征;会进一步分析特定项目的特殊特征因素对租金的影响,比如景观因素、物业社团活动以及酒店式服务等因素对租金的影响。

保障性租赁住房是一种新型租赁住房类型,对其客观租金的内涵及价格水平,项目投资运营方,市、区房屋管理部门,以及租户,有着不

图4-14 保障性租赁住房评估专题交流会

同的认识和评价标准。还有一些评估机构会将评估工作前置或延展，并不止步于对项目入市时点的估价，而是在项目投资可行性研究环节，就给项目投资运营方进行政策宣讲和提供投入回报的测算咨询，让企业合理进行装修投入，量入为出。一些评估机构也会给房管部门充分的市场行情数据和分析报告，提供目标客户群体的租赁需求分析，帮助政府相关部门了解租户的需求变化，从而更好地把握"可支付性"的原则。

保障性租赁住房实施租金评估备案制，不仅有利于规范保障性租赁住房定价管理，也有助于建立保障性租赁住房租金监测体系，在保障可持续性经济利益的同时实现政府福利政策的保障目标。

第三节
Part 3

功能性国企发挥压舱石作用
Functional State-Owned Enterprises Play the Role of Ballast Stone

1. 专注于保障住房发展的功能性企业——地产住发

上海地产住房发展有限公司（简称"地产住发"）是首批进入租赁住房行业的功能性国有企业，其前身为上海地产集团原下属的两家子公司，分别为成立于2015年的上海地产住房保障有限公司和2017年上海地产租赁住房建设发展有限公司，地产住发于2020年6月由两家公司整合而成。

地产住发业务涵盖了全部销售型和租赁型保障住房品种，成为支持住房保障政策实施的重要企业载体。具体包括销售型保障住房（征收安置住房、共有产权保障住房等）及持有型保障住房（公共租赁住房和保障性租赁住房）建设及运营管理。截至2023年6月，地产住发累计开发建设及运营管理各类保障住房项目约489万平方米，其中包括销售型保障住房项目（市、区征收安置住房，共有产权保障住房等）约199万平方米；公租房项目9个，总建筑面积约96万平方米，供应房源约1.3万套；保障性租赁住房项目17个，总建筑面积约152万平方米，供应房源约1.7万套，其中6个项目已入市运营；应急项目5个，总建筑面积约42万平方米，供应房源约0.84万套（图4-15）。

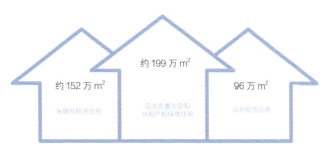

图4-15 地产住发建设的保障住房

（1）拥有保障性租赁住房最多的企业

地产住发作为第一批参加保障性租赁住房建设的企业，从 2017 年 9 月拿到第一批 Rr4 租赁住房用地后，已经累计拿了 17 块地，加上改建项目，目前共计 23 个项目。

地产住发开发的璟博公寓（世博 1）、璟宏公寓（古北 2）、璟智公寓（虹桥）、璟滨公寓（耀华 1）和璟耀公寓（耀华 2）等 5 个保障性租赁住房项目已分别于 2021 年、2022 年被上海市委人才工作领导小组办公室命名为第一批、第二批"上海市市级人才公寓"，共提供房源 3627 套，占挂牌项目数的 20%，房源总数的 34.48%。地产住发同时也是入选项目数量及房源数量最多的公司。

（2）追求品质创新的保障性租赁住房建设

地产住发的租赁住房项目均采用现代、简洁、大气的公建化建筑形态，租赁社区开放和半开放相结合，通过丰富多样的景观打造出宜居的生活环境，不仅成为租赁住房的标杆典范，也为城市贡献了更多景观绿洲。地产住发的标准户型资源丰富，可以满足不同客户相应的需求，灵活的空间组合、全明卧室和客厅设计，将合理、紧凑、集约的空间布局发挥到极致。同时地产住发考虑到长期自持经营，不断优化建造手段，利用创新技术，兼顾材料耐久性、环保性、易维护等因素，保障了客户长期居住的品质，营造了安心的居住环境。

改进保温材料。从 2021 年开始，地产住发开始在部分项目中采用更适合南方地区、有高效保温性能的气凝胶绝热厚型涂料。通过节能计算，在项目住宅外墙保温构造中采用了"外侧气凝胶绝热厚型中涂层 + 内侧无机保温膏料"的组合方式。相较于传统板材类保温材料，不仅免去了内墙保温板铺贴工序，施工更为简便，同时也减少了约 30 毫米的外墙体总厚度。

地库种植顶板防护虹吸排水收集系统。该虹吸排水收集系统是通过

图 4-16 地库种植顶板防护虹吸排水收集系统

构建虹吸排水槽、防护排水异形片及透气沉淀观察井等设施排水的系统，将传统种植顶板排水构造的被动式排水方式改为主动式排水方式，实现零坡度、有组织的排水。该系统显著简化和优化了传统种植屋面的防水构造做法，相比传统的被动式排水方式，虹吸排水系统使结构无需找坡即可实现地库顶板零坡度、有组织的主动排水，并对收集水进行二次利用，可以满足海绵城市绿色节能、调蓄雨水的要求（图 4-16）。

（3）以赛促发展

1）组织 2020 年"地产住发杯"上海市装配式建筑方案设计竞赛

伴随着装配式建筑的全面普及，不同的终端用户对建筑产品性能及使用功能也有着更多差异化需求，细分市场对装配式的"最佳实践"提出了挑战。2020 年"地产住发杯"上海市装配式建筑方案设计竞赛选题紧扣租赁住房这一重点民生工程，以 2021 年计划开发建设的周家渡社区

Z000201单元A14-01地块为载体,通过真题真做的方式广泛征集优秀方案,并最终落地。该项目临近浦东南路和高科西路,地理位置十分优越,项目用地面积约1.4万平方米,建筑控高为80米,容积率3.0,是世博区域一个全装修交付的租赁住房项目。

方案设计竞赛的举办旨在推动建立以建筑为龙头的装配式设计理念,将装配式建筑的思路贯穿整个设计流程,使装配式建筑产品更为合理、绿色、节能。也希望推动全产业链协同,促进多专业协同,推进标准化设计,营造"建立新型建筑工业化项目建筑师负责制,鼓励设计单位提供全过程咨询服务"的良好氛围。竞赛着重围绕"总体规划与建筑设计""室内环境与机电设计""装配式结构体系设计"与"综合与运维设计"四个方面进行评价,并充分考虑系统集成、BIM应用等技术以及数字化展示能力(图4-17)。

来自33家单位的优秀建筑师、工程师们在4个月的时间里进行激烈角逐,为进一步促进行业高质量发展积极探索。来自33家单位的26个

图4-17 部分方案效果图

设计方案，经过第一阶段严格细致的评审及甄选，最终23个方案设计团队进入了关键的方案深化设计阶段。

第二阶段专家组评审会上专家组从建筑、结构、室内、运维四个角度对各参赛方案进行打分，得出初步评选结果。2021年上海市装配式建筑高峰论坛暨长三角区域新型建筑工业化协同发展联盟成立大会上举行了"地产住发杯"上海市装配式建筑方案设计竞赛颁奖仪式，并发布编制完成的竞赛成果集（图4-18）。

2）参与租赁条例立法课题研究

2022年3月初以来，地产住发依托上海市人大非驻会委员工作室承担了"上海市住房租赁条例相关重点问题"课题研究。课题组通过开展市场调研、组织专家座谈、广泛收集国内外资料等方式，解剖案例、综合分析、总结提炼，结合公司近年来参与保障性租赁住房投资建设运营的实践经验和疑难问题，形成对上海市人大制定住房租赁条例的立法建议。

图4-18 评审会上方案展示

2. 保障住房建设地方国企主力军——上海城投

上海城投（集团）有限公司（简称"上海城投"）是由上海市国资委全资持有，专业从事城市基础设施投资、建设、运营管理的国有特大型企业集团。

（1）保障住房开发建设及产品迭代

上海城投自 2002 年起就开始进行保障住房建设，完成交付面积约 600 万平方米，供应房源近 6.67 万套，解决近 20 万人的住房问题。

2002 年 6 月，上海市委、市政府启动 100 万平方米的重大工程配套商品房建设，上海城投开始建设上海东陆、平阳、黄山等地区第一批共 60 万平方米保障房。第一代保障住房"安居"，居室明亮紧凑，配套设施一应俱全，绿化环境生机盎然。

2005 年，上海提出全市配套商品房和中低价普通商品房建设"两个 1000 万平方米"目标。上海城投先后建成江桥、新凯家园（图 4-19）、浦江镇、新江湾尚景园等约 130 万平方米的保障房。第二代保障住房"适居"更符合城市发展的新趋势和市民生活的新需求，社区规划更合理，配套设施更完善，建筑品质更高，功能配置也更人性化。

2009 年起，上海城投积极参与上海建设大型居住社区安居工程的行动，建设松江泗泾（图 4-20）、青浦徐泾、浦东三林等大型居住社区，建设规模约 285 万平方米。第三代保障住房"宜居"为具有一定建设规模、交通方便、配套良好、多类型住宅混合的大型居住社区，每个环节都回应居住者的实际需要。

2015 年，随着上海推进大型居住社区建设和开展保障百姓安居工程，上海城投在佘山北和松江南站地区建设第四代保障住房。最新一代保障住房"悦居"，在前三代保障住房建设经验的基础上，更注重居住者的情感体验，力求带给居住者愉悦的居住感受。

图 4-19 新凯家园保障住房项目

图 4-20 松江泗泾保障住房社区

从第一代配套商品房到第四代大型居住社区，上海城投积累了丰富的保障住房建设经验。从政府的要求出发、从百姓的利益着眼，运用市场化手段，上海城投保障住房建设经历了从"单一模式"向"多种形式并存"、从"解决基本需求"向"全面提升居住质量"、从"小规模零星基地建设"向"大型居住社区成片开发"的三大转变。

（2）品牌化保障性租赁住房的开发与运营研究

上海城投从 2018 年起着手筹划、研究租赁住房的土地获取、开发技术、运营模式等环节。截至 2023 年 6 月，总计落实租赁住房房源约 1.5 万套，总建筑面积达约 88 万平方米。

为推动上海城投保障住房向标准化、品牌化发展，上海城投于 2019 年 8 月 8 日推出租赁住房品牌"城投宽庭"，其通过涵盖规划设计、建筑体系、技术体系、运营管理等环节的全流程把控及创新，打造"居于宽处、庭放美好"的新时代租赁生活方式。

在保障性租赁住房建设中上海城投打造了城投宽庭系列，着力于为上海新时代租赁生活提供一套完整解决方案，为上海万千客户提供"宽适"居住、"宽心"服务、"宽活"体验（图 4-21）。

宽适居住。提供"三大类型、五种空间"的产品线，宽庭系列社区精心打造约 29~50 平方米一房、约 52~73 平方米两房、约 98 平方米三房，无论单身、情侣或是带娃家庭都能找到最适合自己的温馨之家，

图 4-21 城投宽庭三大理念

房间配备空调、冰箱、洗衣机等实用家具家电，注重细节与品质，满足长期居住需求。

宽心服务。通过四大技术体系保障和一套360管家系统实施全方面服务。上海城投依托自身丰富的开发经验，对标国际最高标准和最高水平，根据模块化设计、工业化建造、数字化管理、绿色生态技术应用等四大技术标准，打造卓越品质的租赁住宅产品。

同时采用自持、自营的模式，通过实名认证、人脸识别、智能水电以及生活服务 App 等多项系统，提供360管家式贴心服务，让每个租户都能时刻感受到家的温馨。

宽活体验。上海城投宽庭租赁社区秉持"基于开放空间"的规划设计理念，力图打造"街－院－庭"三级共享环境。"街"——与城市相接的全开放商业街区；"院"——相对静谧的半开放空间，形成围合的、层次丰富的院落与社群；"庭"——私密楼栋的住户专享空间。通过三级规划体系和社区配套服务，力图打造宽适和充满活力的社区环境。

开放式街区。创造面向城市开放的街区，将社区配套资源与城市共享。鼓励居住者走出闭塞居所，拥抱城市，与他人交流、分享，创造更和谐的社会环境。

15分钟社区生活圈。在15分钟步行可达范围内，配备生活所需的基本服务功能与公共活动空间，形成安全、友好、舒适的社会基本生活平台。

丰富商业配套。既服务于社区，更是城市商业空间，因此需要考虑基地居住人群、周边办公商业人群、消费人群和旅游人群的多种商业需求。

3. 发挥金融国企优势——建设银行上海分行

2017年，建设银行总行率先提出住房租赁发展战略，借助专业和金融优势，支持住房租赁市场发展。2018年，建设银行总行与上海市政府签署《推动上海市住房租赁市场发展战略合作备忘录》,并与各区政府签署战略合作协议。同时建设银行作为牵头银行为张江集团提供了14.2亿元的银团贷款,是全国第一个住房租赁银团贷款。

2021年,建设银行上海分行牵头举办首届"浦江住房租赁高峰论坛",凝聚各方力量,为上海住房租赁市场发展贡献智慧(图4-22)。

图4-22 首届"浦江住房租赁高峰论坛"

(1)成立专业租赁住房服务公司

建设银行成立上海建信住房公司实体,坚持"不与民争利、稳健合规经营和可持续发展"原则,盘活闲置房屋,累计提供各类宜居房源超5万套(间),规模居上海市场第二。

建设银行协同上海建信住房公司(简称建信住房)结合特大城市的需求特点,坚持以"服务社会、服务人民、服务企业"为宗旨,配合人才引领战略和城市竞争力、软实力建设,努力探索多样化适配住房租赁模式，涵盖包租、委托管理、监督管理、系统输出、项目测算分析五大模式，实现多层次多渠道业务发展。

一是为新市民提供稳定新居所。参与改造盘活老旧房源，打造 CCB 建融家园卢宛 816 社区，同时收储一大批分散式房源，通过装修改造和"N+1"方式，为新市民、新进沪大学生、创业者提供新选择，帮助他们安居乐业。打造陆家嘴青年人才公寓、浦东古恩路社区以及漕河泾社区，为中国船舶集团、中国商飞集团等企业员工入沪以及开发园区引进企业，提供高质量安居服务，帮助引进企业、留住英才，助力建设一流营商环境。

二是为青年人才提供新家园。2022 年 11 月，建设银行上海分行与上实城开共同打造的首个保障性租赁住房项目城开汇社区开业。为减轻初入职场员工的生活压力，切实服务好建设银行基层员工，建设银行上海分行承租 500 套保障性租赁住房作为青年员工宿舍，倾力打造 CCB 青年之家。员工入职前两年，可以优惠的员工租赁价格入住青年之家，让这些青年人在建设银行安心工作、在建融家园舒心生活。

三是为城市服务者提供新港湾。建设银行上海分行与企事业单位合作，联手打造芳华路社区项目，为家政、环卫、快递等公共服务行业、城市生活基础服务一线职工，提供"一张床""一间房"等功能齐全、价格实惠的宿舍化服务，帮助他们安心留沪。同时，建信住房正与临港集团磋商在东海之滨打造"特斯拉员工之家"，可以为约 300 名特斯拉上海超级工厂的蓝领职工提供保障性租赁住房，帮助高新技术企业解决员工住宿问题，助力上海临港新片区留住人才。

四是做租赁市场的秩序维护者。个别住房租赁企业发生资金链条异常紧张情况，在政府部门指导下，在建设银行总行和建信总公司支持下，建信住房没有抽走资金，而是想方设法化解危机，支持政府维护市场租住秩序。通过垫付业主租金和运营费，承接房源，服务租客近 1.5 万人，化解了租客"无房可住、贷款照还"的两难窘境，基本保障了运营服务正常运转。

（2）提升存量房源居住能级

陆家嘴金融城作为全球楼宇经济密度最高的地区之一，如何在6.8平方公里区域内，解决近30万金融从业者的住房问题，是困扰着陆家嘴金融发展局的痛点和难点。一直以来，从业人员的租房需求旺盛，片区价格合适的房源供给较少，存在着一定程度的供需矛盾。

陆家嘴集团是建设银行上海分行核心客户，该集团在陆家嘴地区有不少的闲置房源。尤其是陆家嘴东园三村小区，地理位置较好，但都是无电梯的老公房，环境不佳、状况较差，在物业管理上存在不少问题。

建设银行与建信住房联手，迅速组建营销团队上门，定制金融服务方案。经过认真分析租房客户的需求和特点，项目为客户量身定制了个性化装修方案，房源得到快速去化。这一举措帮助陆家嘴集团盘活了存量资产，部分解决了片区内房源的供求矛盾（图4-23）。

目前，东园三村CCB建融家园项目正在为安永华明、普华永道、平安保险、安联人寿、浦发银行、东方证券、交银国际、蚂蚁金服、上海证券交易所等陆家嘴金融城重点企业提供员工住房服务，出租率保持在90%以上。

位于浦东的上海第二工业大学随着学校生源不断增加，教职工人员配备也随之增加，原本紧张的校舍资源难以容纳教师住宿，如何在校外

图4-23　改造前后对比

安置青年教师成为困扰校方的一大难题。校园周边的曹路镇住宅中85%是动迁安置房，租赁关系复杂，存在安全和社会治理隐患。

建设银行上海分行在曹路镇政府、上海第二工业大学间架起桥梁，引入曹路镇动迁安置房，为曹路镇提供长租运营服务方案，稳定租赁关系，解决上海第二工业大学青年教师租住需求。

入住教师公寓的老师们

"搬到这里居住，我感到很安心、很幸福，家人也特别放心！"上海第二工业大学（后称二工大）国际交流学院青年教师张老师和20多位同事一起乔迁新居，入住曹路大居华彩新苑小区里的教师公寓（图4-24）。三室一厅的敞亮新居，配齐定制版家电家具，租金实惠还有管家服务，距离学校20分钟地铁可达……这一切都让二工大的"青椒"（青年教师的昵称）们很惊喜。

"有了稳定的工作，再有一个温馨舒适的小窝，是我们青年教师内心最迫切的愿望。"人事处青年教职工彭老师特别满意公寓的硬件配置：空调、洗衣机、冰箱都是新的，公共区域的厨房则给老师提供了大展厨艺、交流感情的机会（图4-25）。她认为，公寓房屋管家及时对教师反馈的问题进行处理，生活质量得到了提升。

"学校真的很贴心，比我自己考虑得还要周到！"张老师毕业后，入职二工大，此前一直住在校方提供的川沙庙行地区的宿舍里。虽然硬件条件也不错，但往返学校要花近三个小时。如今搬到曹路的教师公寓，上班时

图4-24　华彩新苑小区教师公寓

图4-25　教师公寓内部配置

间缩短到了半小时内,大大方便了通勤。此外,"新家"的细节也让她的幸福感爆棚(图4-26):每个卧室都特意配备了书架和带有抽屉的书桌,备课学习都非常方便。且楼上楼下都有自己的同事,也让这位单身女孩更有安全感。[1]

图 4-26 教师公寓欢迎入住

4. 深耕区域保障住房的国企——徐汇城投

(1) 建管协同的租赁住房公司

2011年7月,徐汇区根据上海市公共租赁住房的工作要求及"建管分离"的模式,成立了上海汇成公共租赁住房建设有限公司(简称建设公司)和上海徐汇惠众公共租赁住房运营有限公司(简称"惠众公司")。2014年,惠众公司受区房屋管理局委托,托管了上海徐汇房地产市场管理有限公司(简称市场公司)。2017年9月起,三家公司实行"三块牌子、一套班子"统一管理,合署办公。

三家公司作为区属功能性国有企业,以房屋经营管理为主业、以接受区政府委托为基础功能、以承担非营利性公共服务项目为要求,具体负责区内公共租赁住房、保障性租赁住房和社会化租赁住房的相关运营管理及配套服务。

通过对业务的调整,惠众公司以落实实物配租、产权持有、物业管理为主,将社租房及配套服务等业务交由上海徐汇房地产市场管理公司负责。

---

[1] 浦东发布. 一间过渡房,安全舒适离校近,让浦东这所高校的"青椒"乐开怀[EB/OL]. (2021-04-09) [2023-09-15]. https://baijiahao.baidu.com/s?id=1696529216097510544&wfr=spider&for=pc.

尤其在憘家品牌培育过程中，逐步探索出设立区域分中心，建立服务标准，提升安全管理等精细化公租房运营体系，助力保障性租赁住房发展，为行业持续输出运营管理规范。

2021年12月随着徐汇城投集团成立，建设公司和惠众公司成为城投集团第一批二级子公司，协同市场公司一并归属于徐汇城投集团。运营管理房源约5000套，覆盖300多个小区，运营总建筑面积30多万平方米，其中公租房3686套，重点项目有龙南佳苑公租房项目、田东佳苑公租房项目、永嘉路492弄公租房项目、望月路宿舍型公租房项目、双峰路宿舍型公租房项目、五月苑公租房项目、田林十村社租房项目、漕宝路社租房项目等。

（2）打造憘家品牌，规范租赁市场

2018年开始，徐汇城投集团打造了租赁住房品牌"憘家"；憘家品牌的成立，不仅升级了租赁模式，还建立了租赁住房托管业务，通过收储和托管两种委托方式（图4-27），提高了住房租赁市场的专业化和规范化。憘家租房就是把现有的零散房子集中起来，主要租赁给引进人才，解决他们"住有所居"的问题。憘家为个人或单位租客提供公租房、社会租赁房两种房源，为房东提供代理经租和房屋托管两类服务，为区域内有租房需求的"夹心层"提供服务。憘家不仅发挥了国资国企在徐汇区住房租赁市场的引领作用，而且增加了市场供应、稳定了住房租金，让租客吃了颗"定心丸"。

2019年集团打造了为租户服务的专业的"小憘管家"队伍，推进精细化管理，根据ISO9001质量体系认证的标准化操作流程，对客户咨询、房源带看、合同签约、办理进户、关系维护、安全检查、办理退换房手续等各环节均实行全过程跟踪的一站式服务，带给租户至尊体验；在工作时间上，管家提供"24小时×365天"全天候贴心服务；在服务距离上，管家打通服务租户的"最后100米"，切实解决租户生活所需。同时集团也科学合理地对"小憘管家"进行人房配比，人性化管理，既保证

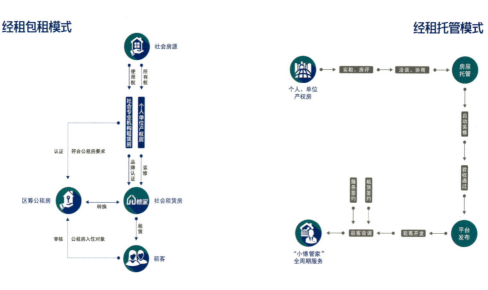

图 4-27 经租包租模式与经租托管模式

对服务需求能够及时响应，又能提高管理效率，为租户提供从入住到退出的全过程跟踪式的一站式服务。2021年打造了憬家维修保养团队，让租户足不出户即可享受上门维修、保洁服务。

经过多年的发展，憬家如今已成为租赁住房市场多元化产品服务品牌，在纵向管理上对接政府主管部门市场监管、认证备案等需求，在客户服务上以网格化、全天候、点对点、全方位、人性化的"小憬管家"团队为核心为数万用户打造线上线下租房社区新生活（图 4-28）。

作为国有企业开展代理经租业务，惠众公司通过代理经租等方式筹措到近3000套租赁房源，有效规范了租赁市场。如华泾镇盛华景苑和华泾绿苑两个小区曾经一直面临着人员多、群租多、警情多、管理乱等现象，因为群租暴露的一系列问题亟须整治。例如盛华景苑大量房源都被牢牢把持在二房东手中，且小区复杂难管，正规连锁中介又不缺房源，所以其对收储群租房转作代理经租没有意向。于是，惠众公司便携憬家管理团队集中开展对盛华景苑、馨宁公寓等小区的房源纳管工作（图 4-29），帮助政府开展群租整治。[1]

---

1 徐汇华泾公众号.警务室成立，"一网统管"智慧社区建设助力盛华景苑探索租房新模式[EB/OL].（2020-07-21）[2023-09-15]. https://mp.weixin.qq.com/s?__biz=MzIyMjU1NTA5OQ==&mid=2247500122&idx=1&sn=fc708214d07abe2b0fbb3f765a8e78ee&chksm=e8293feedf5eb6f8e0cf76ea2c9bdec7ae13a0c8d3f656ff89ffec79a6f891a7be0b1a45b618&scene=27.

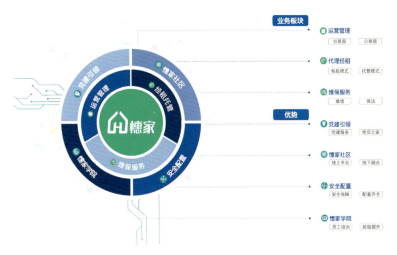

图 4-28　憘家业务板块与优势

图 4-29　憘家整治群租房源销控表

（3）逐步形成区域内完整的租赁住房产业链

如今集团已成为区域租赁住房市场多元化产品服务品牌，在房源筹措、房源供应、社区管理、延伸服务等方面，已逐步形成全产业链供应结构。

房源筹措方面。集团坚持"以需求为导向"做好需求疏解，提高匹配度，在合法依规范围内，争取多方资源，以利用闲置资源改造做好增量为主，同步盘活存量房源为辅。

房源供应方面。为提高公租房管理效率，缩短服务半径，公司按片区实行分中心管理制。公租房公司依托分中心进行长期客户需求维持并对大客户团队的新老VIP客户批量房源需求进行供应。

社区管理方面。不断探索"憬家志愿者服务站"的建设，鼓励租户参与社区自治共建，组织开展各项社区活动，深化租户间情感联结，致力打造一个活动规范有序、作用发挥明显、区域影响力强的示范性志愿服务团队，形成党建广泛引领、租户深度参与的特色租赁住房社区治理氛围。

延伸服务方面。除逐步完善公租房准入、使用、退出等完整业务链条，以及实现智能门锁、人脸识别全覆盖外（图4-30），集团有意识地延伸工作半径，拓展业务范围，以公租房日常维保为试验田，打造了憬家维保队伍，开辟了憬家线上快修业务，除了面向自有租房客户外，也承接集团相关项目的维保需求，同时逐步走向市场化。

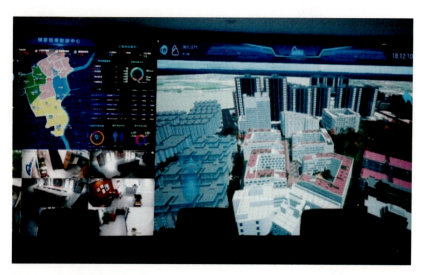

图4-30　憬家社区数字化管理

5. 探索专业化租赁住房运营模式——城方

（1）起点于市场化、专业化分工

上海城方租赁住房运营管理有限公司（简称"城方"）成立于2018年。公司打造"城方"品牌，充分发挥市场化运作机制，专注于租赁住房和社区商业管理。城方业务涵盖保障性租赁住房运营服务、社会化存量物业改造租赁房委托管理服务、社区商业管理运营类服务。

城方为保障性租赁住房提供统一运营管理服务，累计房源规模达3万余套，遍布上海10个核心区域，涉及市筹公共租赁房、集中式改造类租赁住房、分散式租赁住房、新建类Rr4租赁社区。在运营商业项目11个，约4.5万平方米。运营服务管理社区商业超7万平方米，覆盖租赁社区商业、区域型邻里综合体、商办楼宇配套等（图4-31）。

图4-31 城方服务的主要保障性租赁住房项目

（2）租赁住房和社区商业运营协同发力

近年来，城方打造全方位的成熟租住体验，实现租赁住房和社区商业两个板块双核驱动，使租赁住房有品质、社区商业有气质。

在租赁住房委托运营管理方面，城方以"多、快、好、省"作为核心关键点，为业主创造更多经营收入，提升项目出租率，搭建运营服务体系，提供更好的居住体验，降本增效，提高管理效率及利润。例如在招租获客上，以企业客户为基础，线上线下齐发力；在运营上，采取运管一体的模式，通过运营前置注重软装的升级、客户调研与数据统计，匹配客群打造沉浸式体验。

以耀华等社区为例，首先通过市场调查、问卷调查、访谈等方式收集目标客户的基本特征，再根据市场调研的分析反馈以及城方过往的运营经验，分析客户的需求和期望，了解他们对住宅、社区设施、服务等方面的喜好和关注点。最后发现本租赁社区的客户对运动健身、休闲餐饮、社交娱乐、公共服务配套的关注度较高，因此在项目整体设计规划阶段对项目的配套设施进行了前置考虑。考虑到耀华社区可能主要针对青年群体，他们更注重生活品质、社区环境、安全等，在室内设计部分，均选用了环保级材料，对入住客户的健康与安全进行了充分考虑。

在社区商业运营方面，采取"集中管理、运营前置、自主招商"形式，以"集、降、全、拓"作为核心关键点，整合资源集中输出；降低管理成本，提高人员效率；从策划定位到招商落地全程负责；创造优质商业资源，持续拓展市场化新品牌。

一是聚焦社区商业细分赛道，城方租住社区商业以集中管理、参与前期开发阶段，实现运营前置。通过对区位分析、客群特征以及对租住生活方式的探索，辐射15分钟社区生活圈区域居民，注入地方文化特质，打造有特色有温度的社区生活场景。

二是聚焦社区提供公共服务的社会责任。随着较多保障性租赁住房入市，在招商定位策略上，针对不同区域、不同规模的项目，城方充分发挥保障性租赁住房的功能性发展需求及社会责任,注重不可或缺的归属感,强调商业与公共服务并重。

以古北璟宏社区运营为例,城方租住社区商业将地方文化生活融入社区,在强调商业化的同时重视社区的功能性与社会责任。项目位于长宁古北国际社区,可借助区位优势,15分钟辐射范围内有油雕美术馆、程十发美术馆、SMG广播艺术中心、上海儿童博物馆等地区文化特质。社区商业配套方面,打造"艺术·生活·家",引入香蕉鱼艺术书店、Drunk backer、湖溪草堂等文艺网红品牌,聚合书店、咖啡店、面包店、茶室、Omakase日料等生活配套服务品牌,打造一个楼下的时尚街区(图4-32、图4-33)。

同时,城方在社区设置"宁聚里·璟宏社区党群服务站",营造时尚空间,成为青年人才咨询、休憩、社交的最佳打卡地;在国际社区举行中国传统节日活动,如"大展hong兔元宵节集市",吸引国际友人一同打卡(图4-34)。

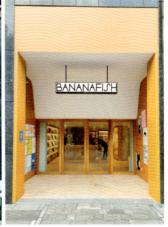

图4-32 项目的商业配套1

图 4-33 项目的商业配套 2

图 4-34 社区活动

第四节
Part 4

民营经济参与激发市场活力
Private Economic Participation Stimulates Market Vitality

1. 探索专业化租赁社区运营——瓴寓

瓴寓创立于 2016 年，经过多年发展，已经成为国内租赁住房领域的综合服务商，为企业客户提供全面的咨询顾问、运营管理和资产管理服务。公司逐步打造出博乐诗、柚米寓、菁社等公寓品牌，覆盖用户全生命周期，满足不同阶段的租住需求。截至 2022 年底，瓴寓的业务版图覆盖国内 21 座城市，共运营管理超 70 家门店，9 万余间房源，盈利能力及品牌影响力逐渐扩大。

自瓴寓成立以来，已逐渐培养出一套成熟的管理运营体系，通过"客研""产品""运营""数据"四项能力形成全链条服务模式。

（1）客户研究

瓴寓开发了一套客户研究系统，使用产业、人口等大数据分析，坚持人机协同，先过系统，再由人工干预，最后形成客户精准画像，通过深入客户研究洞悉客户需求。以上海浦江华侨城柚米社区为例，浦江板块为强竞争区域，瓴寓基于前期市场调研，通过增加房间内置阳台、强化储物功能、提升卫浴舒适度等差异化设计，形成可视的产品特色，激发来访客户主动选择。同时，差异化客群研究能帮助项目错开竞争焦点，例如区域家庭型客户占比较多，根据这一线索客研人员会优化户型配比，为坪效设计、驱化速度等创造了有利条件。

（2）产品研发

瓴寓以产品驱动为企业导向，使用互联网思维，通过拆解新市民、青年人生活行为与习惯，把居住空间重新解构为高频使用的私享空间、中频使用的共享空间、低频使用的公共空间。同时，为满足青年人的闲暇生活，华侨城柚米社区打造了近 700 平方米的公共空间。围绕"吃好饭""跑好步""读好书"的设计理念，公区设置了共享厨房、阅读角、咖啡吧、健身房、多功能影音厅及办公区等。主入口沿街两侧还配有丰富的社区商业，覆盖日常生活所需，为奔波于都市的青年人提供一个身心放松的栖息之处。18~23平方米的主力户型，将住家和办公完美结合，充分触达青年人个性化、自由性（设计师、博主等）的租赁诉求。社区95%的房型都配有阳台，让住户可以尽情沐浴自然阳光（图4-35）。

图4-35 上海浦江华侨城柚米社区实景图

（3）运营增值

作为行业内较早进入综合型租赁社区管理的企业，瓴寓通过践行核心竞争力构建高效运营体系，支撑运营目标落地（图4-36）。

服务是社区管理的基础，瓴寓根据客户需求，以"客户体验为核心"，为客户带来更有温度的社区生活。瓴寓向客户承诺"客户需求5分钟响应，快修30分钟解决"，并以人性化、系统化两大维度考量和管理服务质量，确保每一位服务人员面对客户时都能保持最佳服务状态。

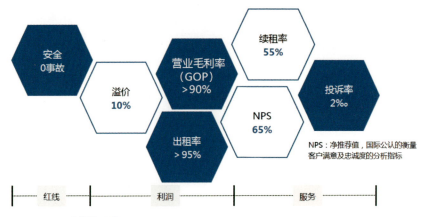

图 4-36　运营增值环节

（4）数据技术

瓴寓打造了自有数字化系统，以数据技术驱动业务，支撑从投入到运营的各个环节（图 4-37）。

张江纳仕国际社区是上海张江集团携手瓴寓共同打造的租赁住房项目，科技赋能生活，在张江这座充满创新"科技梦"的园区里，张江纳仕国际社区也展现着智慧的力量。一走进社区接待大厅，就会享受到社区智能机器人"小纳"的热情欢迎与贴心服务（图 4-38）。

图 4-37　瓴寓打造的数字化体系

图 4-38 社区智能机器人"小纳"

同时，瓴寓依托智能化系统全面提升社区安全，以智能化技防服务、保安定点巡逻和总部二级监控，为社区搭建全方位安全防护墙。在社区每个出入口装有智能人脸识别系统，通过人脸识别、智能门锁的组合，以及指定区域摆放的外卖柜和快递柜，从源头严控非居住人员的随意进入。

2. 坚守租赁住房服务——唐巢

（1）代理经租压缩群租空间

浦东曹路镇曾是动迁房集中的区域，由于很多业主暂时没有居住需求，大量动迁房闲置，二房东泛滥。

政府开始考虑是否可以通过专业的公司来使租房市场规范化，通过代理经租，替代私人二房东的角色。2014 年，唐巢公寓就开始探索代理经租。2015 年上海市人民政府出台《关于鼓励社会各类机构代理经租社会闲置存量住房的试行意见》更为企业提供了政策支持。

公司经过近十年的发展,在上海和江苏两地开展业务,经营面积超过 60 万平方米,代理经租各类租赁住房 2.5 万余间(图 4-39)。

图 4-39　唐巢运营项目内部配置

委托房屋业主的想法

业主之一周先生表示:"当初收房的时候,有很多中介联系我。唐巢看上去还是比较正规的,然后配合也比较好,又是本地企业,联系的负责人也比较朴实。唐巢是和政府合作的企业,老百姓感觉更安心一些。签约的时候各个项目也很正规,不像其他的可能还有一些什么陷阱之类的。"

在交流过程中,周先生一直强调省心和放心两点,他表示:"在看房的时候,唐巢主动给我们介绍项目,带我们去找物业缴费和拿钥匙看房子,服务非常好。将房租给唐巢后,我自己就不需要特别去关心了,水电气什么的他们都一手包办,相当于一条龙服务,我们都不用过多操心。"

另一位业主雷先生与周先生一样,也是自己不需要居住征收安置房,所以将房出租给唐巢统一管理。雷先生表示选择唐巢的原因在于:"我觉得它是政府比较支持的一个企业,如果是随便遇到的,那对我们来说也不放心。所以我们查了一下唐巢的企业背景，后来也了解到这家公司的初衷和运营情况，感觉交给他们还是比较放心的。虽然他们的价格是低于市场的，但是他们也很坦率地说明了这一点，我们觉得他们相对来说可靠性是可以的，所以宁愿选择价格稍微低一点的。"

同时了解到早在2015年雷先生就已经接触过与唐巢类似的代理经租的企业，雷先生也是将房子出租给代理经租企业，后期双方合作比较顺利，所以很认可这一模式。

关于唐巢的服务，雷先生表示很满意，他说："唐巢的服务很好，在前期他们就开始介入整个流程，从交房那时整个的一些手续，到后面跟物业交流也很通畅，收房也会提醒哪些地方需要注意。所以专业的人干专业的事情，他们的意识等于是领先一步，抓住了先机。后面装修公司和物业我基本上都没有联系过。"

（2）政企合作解决人才住房

唐巢在稳健发展过程中，已经与多个街镇达成合作，曹路镇作为浦东新区重点纳税地区之一，龙头企业比较多，在职员工数量也比较大，为了解决员工的租赁需求，助力曹路镇招商稳商，净化群租的市场环境，保障住有所居，唐巢配合政府人才安居政策，解决了多家企业的人才住房问题，例如唐巢针对二工大的需求组织寻找房源，根据教职工特点进行装修配置，并按需求提供定制化服务，为二工大教职工居住问题提供了新的解决方案。

2023年是唐巢与曹路镇政府合作的第三年，在双方合作过程中，政府主要负责的是人才租房补贴发放，唐巢负责相关的租房运营。唐巢在曹路镇的项目下面一共有1000余间可出租房屋，其中约25%对接给了本地的重点纳税企业，包括台达电子、佳农水果贸易公司等。政府充分保障了人才的利益，要求唐巢使用的建筑装修材料必须合规，租金不能随意变动，并且租金需要在政府备案，保证人才优先入住（图4-40、图4-41）。

图 4-40　唐巢运营项目曹路人才公寓内部配置 1

对于每个想要留在上海但在短时间内没有能力购房的年轻人而言，唐巢的代理经租业务的确帮他们缓解了很大压力，一方面不用担心私人二房东所带来的群租问题，另一方面就业于政府认定的企业还可以获得人才补贴，他们可以住在窗明几净的房间，白天认真工作，夜晚好好休息，在繁华的大上海勇敢追逐自己的梦想。

租户入住体验

租户之一张先生是一位海归，目前就业于台达电子，他在刚入职时是自己找的私人房源租住，在那套房子租期快到时，张先生了解到公司有合作的房屋租赁企业，于是向公司申请了人才住房，并且很快就顺利入住。

张先生表示："唐巢这边的房子要省心一点，因为这等于是我们单位推荐的人才房，与自己租房相比没有那么复杂，后续也很省心，不管是办理入住还是退宿，不用想着跟二房东之间是否有纠纷。维修也比较方便，影响住宿的问题一般在 2 小时内解决，其他问题也会在 24 小时内解决。另外这边通勤也很方便，去公司骑车只需要十几分钟。"

小陈是今年刚毕业的大学生，在找工作的过程中，在工作群中了解到

图 4-41　唐巢运营项目曹路人才公寓内部配置 2

唐巢的人才补贴房源的相关信息,所以和两位也在附近工作的同学一起合租了一套三居室,整套房子的租金在 5400 元左右,加上每个月的政府补贴,意味着每个人每月只需要交 1400 元左右的租金,租房压力大大减小。小陈还表示现在住处距公司很近,骑车差不多 10 分钟,走路 20 多分钟,有时候下班没事儿走回来还能看看风景。

(3) 助力保障性租赁住房管理落实

上海市保障性租赁住房的政策出台以后,唐巢积极参与到保障性租赁住房的提供与管理中,由于公租房、保障性租赁住房等较为分散,管理服务难度大,唐巢将分散式长租公寓的管理经验和管理系统嵌入保障性租赁住房服务体系。

从 2018 年开始,唐巢负责管理临港地区 3000 余套保障性租赁住房、人才公寓,针对项目分布广、距离较远的特点,唐巢搭建服务体系、配置专业服务团队,提升服务水平,服务新片区人才(图 4-42)。

图 4-42 唐巢运营项目曹路人才公寓设施配置

3．专注宿舍型租赁住房运营——安歆

（1）企业不再依赖群租房

此前，许多大城市的服务业企业多会通过租赁民宅作为员工宿舍，民宅改建的宿舍噪声、结构、上下水、安全管理都存在诸多隐患，且普通企业不具备宿舍管理的能力，很容易带来安全隐患、被周边居民投诉，这部分租赁住房很容易变为群租房。

宿舍型保障性租赁住房是由专业运营商通过包租、托管等模式获取集中式整栋或分层物业,并参照宿舍型保障性租赁住房相关标准将其改造为4~8人间(以上下铺床位为主)。宿舍配有消防设施设备和专业运营管理人员,如店长、管家、保安、保洁等(图4-43)。

图4-43　宿舍型保障性租赁住房

入住安歆宿舍的员工

杨先生是一名来上海打工的90后,大专学历,在上海5年,孩子在河南老家由老人帮忙抚养,目前就职于顺丰快递,月收入1万元左右。在上海多年,他目标明确,就是赚钱带回家,没有买房安居下来的计划。快递工作很忙碌,除了工作没有其他生活,希望能在上海多待几年,多赚点钱早点回老家,对于住宿环境的要求是安静干净就好。之前主要租住在郊区的农民房中,单间每个月1700元,日常上班需要十几公里,很不方便。目前入住了由公司安排在安歆集团的集体宿舍,宿舍在浦东前滩太古里附近,地段好上下班方便,入住的6人间每个月800元的住宿费用全部由单位顺丰快递承担,个人只需缴纳每月100元左右的水电费用,宿舍一楼还有生活服务站,日常所需的生活物资基本足不出户就能买到(图4-44)。

图 4-44　入住安歆的顺丰小哥在宿舍一楼生活服务站采购生活物资

来自四川的周先生和邓先生是一起到上海打拼的老乡,在建筑行业做了十七八年,之前也在上海工作过很长时间,在2022年底第一次住进这样的员工宿舍,对新环境充满了新鲜感。

"以前我们都住在工地附近的板房,现在搬到这里,虽然不像之前离工地那么近,但走路过去二十来分钟也到了,整体还是方便的。""这里总的条件比板房要好,最大的区别就是卫生,房间干净还不需要自己打扫。"周先生和邓先生对宿舍的保洁服务都非常满意,对于习惯了晴天一身土雨天一身泥的他们来说,一个整洁的居住环境非常难得,且能带来舒适的心情。

来自河南的两位翟先生则对宿舍房间的独立卫浴大加赞赏。"以前住的地方只有一大群人公用的浴室,排队排很久。现在方便多了,节省时间还能早点休息。"说起这个今年刚住进来的新宿舍,他们的喜悦之情溢于言表。(图 4-45)。

图 4-45　入住安歆虹口保障性租赁住房项目的王宝和大酒店员工

（2）应需而生的企业

安歆集团起步于2007年，初期是希望为刚毕业的大学生提供过渡期的"求职宿舍"，让他们求职期间能"安身"。自2014年在上海成立总公司以来，经过多年努力，逐步成长为规模大、产品全的宿舍型住宿服务商。公布业务布局全国38个主要城市220余家人才社区，经营面积约300万平方米，为超100万人次提供居住服务。

目前公司已形成综合体"安歆青年社区"、城市员工宿舍"安歆公寓"、白领公寓"逗号公寓"、酒店式公寓"阅庭"、校园宿舍"歆微校"五大产品线（图4-46、图4-47）。

图4-46 安歆青年社区项目外景

图4-47 安歆为建信定制的宿舍

目前入住安歆集体宿舍型租赁住房的公共服务人员主要分布在城市的餐饮、酒店、快递、零售等服务型行业，并以80后及90后的新蓝领基层职工为主。这部分职工收入有限，月收入多为3000~8000元，每月支出排名前三的是食品、住房和服装。在他们的居住需求中，"安全""舒适""卫生""省心"是被选择比例最高的社区期望关键词。"温暖""满足""打工人之家""公司关怀"等关键词是青年住客在软性角度的重点期待（图4-48）。

图4-48　安歆集团对住客需求的调研结果

（3）虹口龙之梦店

安歆青年社区（虹口龙之梦店），位于虹口区。该项目是安歆集团将工业厂房改造后的酒店包租下来，装修改造成的宿舍型保障性租赁住房。项目作为虹口区政府支持的保障性租赁住房项目，2022年申请认定为保障性租赁住房，优先供应给符合虹口区产业导向的单位及个人。

该项目总建筑面积3341平方米，共8个楼层，87个房间。提供酒店式服务，每个床位提供整套床上用品，一客一消毒，并定期更换。房间内提供每天入户专业打扫，24小时热水供应，网络全覆盖，有独立洗衣区等（图4-49、图4-50）。

图 4-49　虹口龙之梦店一楼大厅　　图 4-50　虹口龙之梦店双人间

项目非常重视安防管理，企业员工采用实名登记。同时加强安防智能化设施的配置，包括智能门禁、人脸识别系统，一人一码。房间内设智能控电，内装有大功率限流器，设置安全闸，全公寓无拖线板。同时为了确保住客的租住舒适度，项目特别关注公共空间的设计，一层除接待吧台外，设置了公共阅读区、憩饮区、交流培训区，定期与周边街道居委会开展社区共建活动（图 4-51）。

项目以长期租赁为主，服务区域内人力密集型的企业，比如顺丰快递、陶陶居、万豪酒店、中建三局、同华建筑等。

图 4-51　安歆青年社区虹口龙之梦项目联动区团市委打造青年中心

4．用心做好一个项目——乐松公司

乐城活力社区是民营企业乐松（上海）建设管理服务有限公司（简称乐松公司）通过公开竞拍，获得大楼的物权，之后改建为自持、自营的保障性租赁住房项目，它是宝山高新技术产业园区配套的示范性人才公寓。

项目原主体建筑是工业用地上建造的研发办公大楼，曾按照酒店进行装修，因用于酒店不符合规划用途，同时有其他债务原因而闲置多年。2019年初乐松公司取得产权，清理完相关租约关系之后，计划改建为租赁公寓，但是对目标客户群以及项目户型设计如何规划定位，尚且犹豫不定。

乐松公司了解到上海在2018年出台了《关于本市非居住存量房屋改建和转化租赁住房工作的指导意见（试行）》，在明确改建流程和规范要求的同时，鼓励非居住存量房屋改建为长租公寓。在和宝山区房屋管理局和宝山高新技术产业园区沟通的过程中，乐松公司进一步了解到，很多科技类意向企业落户宝山关心的诸多问题之一是有没有合适的房源让企业中高层管理人员和高学历青年研发人员住得满意和安心。宝山区缺少与引才、留才需求相匹配的高品质租赁房源，因此"北转型"科创主阵地布局发展的同时，宝山迫切需要一批"高品质、稳租金、规范管理"的长租房源。乐松公司经过充分的市场调研，发现尽管周边长租公寓项目很多，但面积小、暗房多、配置简单、管理不规范，不能满足企业中高层管理人员和高学历青年研发人员的租住需求，于是决定设计打造出能够满足这类人才租赁居住需求的人才公寓项目（图4-52）。

项目体现小户型、大空间和全功能，社区功能配置满足人才需求，能够满足工作、生活、社交等方面的多重需求。乐松公司多次优化房间平面布局，最终将项目设计为334套房，项目规划设计适合单身一人到一个家庭的全生命周期的多户型，建筑面积有约28平方米、42平方米、69平方米和98平方米，满足不同年龄阶段的客户租住需求。

此外，乐松公司在前期调研时发现，园区企业管理层或研发人员入住时,对共享办公区、共享会议室有一定需求。于是根据新时代青年人才的需求偏好,项目将这两大功能空间设置在大堂一块相对独立的区域,将项目优势定位为"强居住品质、强综合功能、强公共配套、强服务管理",要让入住者感到安心踏实、感受家的温馨(图 4-53)。

图 4-52　乐城活力社区外立面

图 4-53　乐城活力社区公共设施配置 1

步入一楼大厅就能感受到类似五星级酒店大堂的整洁干净，8米的挑高酒店式大厅，400平方米的公共空间配备咖啡吧、共享办公区、共享会议室、书吧、影音室等社交空间，造型各异的沙发，别出心裁的原木设计加上发光灯箱与绿叶的点缀，增加了空间的层次感。租户可以在这里聚会，或者拿本书静静阅读。大厅左侧玻璃幕墙后是共享办公区域，几排桌椅为这里的上班族提供了移动办公的场所。二楼设有170平方米左右的健身运动区。项目提供管家式贴心服务，配备24小时全方位智能安保服务。同时项目停车位充足，地上和地下停车位合计为119个。项目投入运营以来，园区科技类企业的管理层和研发人员纷纷入住，助力了园区科技类企业的升级发展（图4-54）。

图4-54　乐城活力社区公共设施配置2

第五节
Part 5

规范有序的供需匹配
Standardizedly and Orderly Matching Supply and Demand

1. 将保障性租赁住房供应给最需要的人

保障性租赁住房资源有限，如何将有限的资源，供应给最需要的人，是供应工作的重点。

（1）定向供应机制

2017年，《关于进一步完善单位整体租赁公共租赁住房审核配租工作机制的通知》规定："参与和服务本市科创中心、自贸试验区建设的全市各级机关、中央在沪企事业单位、市属重点企事业单位以及在各区注册、经营的其他重点企事业单位，以单位名义整体租赁本市市筹、区筹公共租赁住房解决本单位人才阶段性居住困难，应予以重点支持。"通过向单位整租的方式定向供应保障性租赁住房。

定向供应的基本方式是由项目周边企事业单位或行政单位提出申请，从而配租一定数量的公共租赁住房，向申请单位职工供应。具体操作是项目运营单位与用人单位签订单位版租赁合同，确定向用人单位职工出租的房源，用人单位再将房源出租给符合公共租赁住房准入条件的职工，并签订租赁合同，准入环节由运营单位审核，通过公共租赁住房信息系统网签合同，并进行合同备案。

1）市属项目情况

市属项目主要采用向重点单位定向供应的方式，其中，馨宁公寓、馨越公寓、新江湾尚景园、上海晶城晶华坊、地产南站收购公租房（梅苑一居、金塘小区、东荡小区）可由单位或家庭（个人）承租；馨逸公寓（一期）、馨逸公寓（二期）、馨古美佳苑、地产南站收购公租房（凌云新村）、耀华滨江公寓（一期）、耀华滨江公寓（二期）仅限单位集体租赁。

2）区属项目情况

从各区的公共租赁住房定向供应情况看，部分区也主要是通过向单位定向供应的办法，将房源配置给重点保障对象。

（2）优先供应机制

无房职工优先供应。《上海市保障性租赁住房租赁管理办法（试行）》关于相关项目的配租规则中，规定了配租分为集中配租和常态化配租两个阶段，在集中配租阶段，优先保障在本市无房且符合其他准入条件的对象。集中配租后的剩余房源，实行常态化配租，对符合准入条件的对象实行"先到先租，随到随租"。

（3）包租供应机制

建立单位包租定向供应机制。为将保障性租赁住房更大比例地供应给周边企业，并服务企业解决职工集中住宿等问题，建立了将保障性租赁住房供应给单位，再由单位将住房供应给符合资格的职工居住的机制。在规范性合同示范文本方面，分别制定单位版合同和个人版合同。在房源管理方面增加拆套机制，使同单位的职工可以"合租"一套房或一间房，并能同时进行租赁合同签约备案，办理居住证等，职工可以完整享受相关公共服务。

2. 新时代建设者管理者之家

对于那些远离家乡、奋斗在大都市的一线建设者们来说，妥善解决"落脚点"的问题，是初来乍到的他们所面临的"头等大事"。相较于工地上临时搭建的宿舍、老旧住房、城中村之类的"普遍选择"，能够有一处相对固定、便捷而又舒适的安居之所，在里面歇歇脚、吃个饭，再安安稳稳地睡上一觉，成了这些一线建设者们每天收工下班后最为期待的事情。在如今的上海，这一问题正逐渐得到相关部门的重视。他们正通过不断的探索和实践，积极回应城市建设者们在租房价格、通勤时间、居住品质方面的期待和需求,为他们提供更加优质的居住环境。

让更多建设者享受"一张床"的温暖。2023年7月12日,上海首批新时代城市建设者管理者之家项目集中揭牌,来自长宁、静安、徐汇、黄浦、松江等首批新时代城市建设者管理者之家入住人员领到了钥匙(图4-55)。

图4-55　首批入住者领到钥匙

在此基础上,2023年,上海市建设交通工作党委、市住房城乡建设委、市房屋管理局结合主题教育边调研边实践,积极探索由社会力量参与投资建设运营、用人单位共享租赁的新时代城市建设者管理者之家,首批计划安排筹措5000个床位。目前,全市已筹措约11000个,其中在上半年供应约7000个床位。根据职住平衡原则,在全市各区向项目周边符合条件人员定向供应床位。通过新时代城市建设者管理者之家,努力让新时代城市建设者、管理者们更安全、更有尊严、更加舒心地在上海居住、生活和工作,让他们更好地感受这座"人民城市"的温度,感受家的温暖。

上海第一批新时代城市建设者管理者之家，主要面向建设施工一线工作人员、城市运行维护人员（环卫、市政、绿化、轨交、物业等）和市民日常生活服务提供人员（快递、家政、医护等）等，在全市各区均有分布，床位月租金集中在 500~1000 元。

（1）上海新凤抱家华新人才公寓

上海新凤抱家华新人才公寓是农民自建房改造"乡村人才公寓"项目，由华新镇与上海抱家集团于 2022 年共同出资成立上海新凤抱家房产租赁有限公司（简称新凤抱家公司）管理运营。以政企合作、代理租赁模式取代传统群租、二房东包租模式，依托智慧社区数字化运营管理系统，通过集中收储的方式将自建房纳入统一管理。

项目位于青浦区华新镇 14 个村，房屋类型为集体用地农民自建房，截至 2023 年 7 月，新凤抱家公司共收储农民自建房 51 栋 598 间。通过保障性租赁住房认证的人才公寓共 14 栋，建筑面积 4618 平方米，可供应房源 176 间，共计 350 余张床位，平均出租率 97.5%。项目以 35~60 平方米左右小户型为主，主要面向物流行业从业人员。该项目是全国第一个农民房宅基地保障性租赁住房项目，也是首批挂牌的上海新时代城市建设者管理者之家中唯一的村镇农民房宅基地项目（图 4-56）。

图 4-56　新凤抱家公司华新镇项目挂牌"新时代城市建设者管理者之家"

新凤抱家公司还自主研发 OLR 智慧社区人口管理可视化平台，实现以房管人，以锁管人。公寓入口大门采用人脸识别智能化门禁系统，公寓房间门采用智能门锁，只需输入指定 App 中的密码即可开门，此外，房租缴纳、水电缴费以及选房、物业报修都可足不出户，通过 App 完成，实现了房屋租赁管理数字化转型（图 4-57）。

图 4-57　华新镇叙中村智慧大屏

（2）中建·幸孚公寓松江店 3 号楼

作为首批参与新时代城市建设者管理者之家项目的单位之一，中建八局充分发挥全产业链优势，在中建·幸孚公寓项目中专门设置了新时代城市建设者管理者之家（图 4-58）。

公寓内的 3 号楼整栋改造为新时代城市建设者管理者之家，主要户型为 40~60 平方米的两室户型，可提供 95 个房间，380 张床位，设置高低床铺，部分房间设置独立平床。每户最高提供给 4 人租住，精装修、家具家电配备完整、生活配套齐全，可真正实现"拎包入住"（图 4-59）。

图 4-58 中建·幸孚公寓松江店"新时代城市建设者管理者之家"

图 4-59 中建·幸孚公寓"新时代城市建设者管理者之家"室内环境

第一批房源有 A、B 两种户型,其中 A 户型两个房间,每个房间安置一张床位,大房间租金为每月 1000 元,小房间租金为每月 900 元;B 户型两个房间,每个房间安置一张上下铺,每张床位月租金为 600 元。"每个户型均配有卫生间、洗衣机、厨房设备等,且享受民用水电的价格,方便且舒适。"项目管理方工作人员介绍道。只要符合上海保障性租赁住房申请条件的来沪工作者,都能够申请租赁"一张床"。新时代城市建设者管理者之家每个房间的租金为1900元或2400元,价格低于同小区的其他同类租赁房源。

除此之外,入住客群还可以享受24小时安保、社区保洁、社群活动、房间维修等基础服务,管理方与属地政府共建,增设上门公益问诊和咨询、进城务工人员子弟就学、居住证办理、一对一管家等服务。

(3)静安区环卫驿站

静安区环卫驿站项目位于静安区曹家渡街道,共计有房源38间,床位163张,分两人间、多人间两种房型,床位月租金为290~520元/床。主要面对的是在曹家渡、江宁两个街道进行24小时环卫工作和在静安寺、南西、石门二路三个街道进行夜间环卫工作的静安区城发集团作业一部嘉荣班组的员工。环卫工人经常需要早上五点钟出门打扫道路卫生,且静安区市场租赁房价格较贵,环卫驿站的设立能将环卫工人集中起来提供住宿,解决了其租房较远、上班麻烦等一系列现实问题。

环卫驿站功能齐全,配套设有员工食堂、员工浴室等公共设施。环卫驿站不仅不向环卫工人收取住宿费、水电费,而且每天提供免费的5顿餐,以便上班较早或下班较晚的工人们吃上一口"热乎饭"(图4-60)。

图4-60 环卫驿站食堂

由于环卫工人年龄普遍偏大,环卫驿站还定期为工人们测量血压,并组织定期体检以保障工人的身体健康。

驿站的设立,切实有效地解除了一线环卫工人在城区中心地带作业时所面临的食宿昂贵及交通不便等后顾之忧,成为环卫作业服务于全区市民和进一步提升市容市貌的有力保障。

建设者管理者之家中的浪漫爱情

2023年,来自河南的小陈和小李享受到新时代城市建设者管理者之家的福利。小陈于2022年来沪从事外卖快递工作,为了节省开支只能和伙伴们租住在简陋的民房内。由于上海租房成本过高,这个新婚小家无法承担两人在上海的房租,两人只能异地分居。

2023年,小陈发现了新时代城市建设者管理者之家项目的租金相当优惠,地理位置和房屋配置也合适。于是和妻子小李商量两人租一间房子,一起从事外卖快递工作。小李的喜悦之情难以言喻,激动地跟自己的爱人说:"我不怕辛苦,从此以后,你在哪里,我就在哪里,我们的家就在哪里!"

入住新家后,两人每天早出晚归,风雨无阻,虽然辛苦,但是每天晚上回到自己的小家后就疲劳全无。"社区居住环境好,有管家提供温馨的服务,能住进性价比这么高的房子是我们之前无法想象的。上海真的是一个有温度的城市,我们也要为建设好城市加倍努力,生活在这里太幸福了。"小陈感慨道。有一种爱情,叫白头到老;有一种幸福,叫有你相伴;有一种温暖,是我们在上海!(图4-61)

图4-61 入住新时代城市建设者管理者之家的小陈和小李

3. 牵线搭桥的政企联动机制

（1）主动对接企业，探索精准化服务模式

为将保障性租赁住房更精准地匹配给最急需的对象，减少沟通信息差，宝山区相关部门主动跨前服务，加大房源推介，当好宝山"安居宣传员"。重点关注初创型企业，持续调整重点企业名单，从数量、结构等各方面满足初创型团队落户宝山的需求。扩大保障性租赁住房为主的人才安居房源蓄水池，丰富人才安居房源种类，真正做到让好园区不缺服务，让好人才不缺房子，为宝山产业高质量发展和宝山科创中心主阵地建设提供有力支撑。目前，宝山区保障性租赁住房项目有效服务了宝济药业、上药康希诺、精海智能、中船邮轮、中交通信等一批重点企业，解决了企业中层管理人员和专业技术人才的住房问题。

解决创业团队住房困难

34岁的张先生毕业于中国人民大学，已经是上海精海智能装备有限公司核心管理团队的一员，2021年9月，张先生和同事们从北京来到上海宝山创业。

"初到上海时，由于缺乏合适的房源，我们经常只能住酒店。"住房成为张先生团队最大的困扰。住宿问题让团队成员感到漂泊和无所依靠，导致团队的凝聚力下降。"当时我们一边创业一边写文案，白天忙着写方案找市场，晚上六点左右全员出动，开始找房子，直到晚上10点。"谈起那段"找房岁月"，张先生无奈地直摇头。由于市场租金高，对初创团队来说，经济压力不小，要么价格合适但房源陈旧，要么交通配套不便利。

在了解了张先生租房的困扰后，上海宝山大学科技园发展有限公司作为负责引进该企业的主要单位，立即与张先生所在区的房屋管理局取得联系。区房屋管理局随即联合科委、经委等部门，对情况进行研判，并参照对重点企业的房源审核配租方式，决定先让张先生及其公司团队入住，后

续再办理相关手续。考虑到交通等因素,他们调配了离企业未来办公地址最近的保利熙悦人才公寓。在上海宝山大学科技园发展有限公司与房屋管理局紧密合作下,仅用了5天的时间,张先生企业核心团队的7名成员就顺利地入住了公寓。

(2)创新服务手段,建设微信服务平台

为更加精准地提供人才安居服务,上海市宝山区开办"宝山安居"微信公众号。"宝山安居"是宝山区住房保障和安居服务的专业化、一站式网上平台,帮助打算落户宝山的人在宝山筑梦安家、圆梦未来(图4-62)。

图4-62 "宝山安居"微信服务平台

该公众号及时推送安居惠民政策和动态信息，编制人才安居房源地图，上线地图找房等功能，做好人才安居项目、政策等和企业需求的对接。结合保障性租赁住房工作重点，逐步将保障性租赁住房房源信息、项目介绍、项目联系方式全部上线，方便新市民、青年人查询。逐步将保障性租赁住房政策上线，形成保障性租赁住房政策宣传主要渠道。

公众号推出安居"云看房"，开通安居服务热线，设立安居服务员，全力做好"安居一件事"。区房屋管理局党组成立房管系统党员先锋队，带头当好"招商助理员""人才服务员""安居宣传员"，与人才、经济部门建立联席会议制度，建立区重点支持用人单位企事业单位名单，开通绿色通道，精简申请标准，有效服务重点企业人才住房问题，助力引进企业快速落地。线上找得到，线下围着转，让安居服务活起来、热起来。

并且，公众号中建立了后台留言机制，项目运营单位、承租人、申请人等有问题可以及时向住房管理部门咨询、反馈，留言机制成为企业、社会、政府的沟通新机制。

求职免费住

宝山区充分利用保障性租赁住房区位优势，由区人才办、区房屋管理局联合街镇园区及运营企业推出"求职应聘免费住"服务项目，推出10个青年驿站2000余套"短期免费住、长期优惠住"房源，为来宝山求职的高校毕业生提供最长5天免费住宿，帮助园区企业招才引智，并将保障性租赁住房作为免租金"求职驿站"。该项目将新毕业大学生、新求职青年人的求职与安居联系起来，许多青年人既在园区找到了工作，也通过试住后再租赁保障性租赁住房，同时解决了就业与安居问题。小程和小凌是第一批受惠的求职大学生。目前，两位姑娘已被宝山高新技术产业园的公司录取。作为顺利入职入住的人才，她们还可以享受"人才补贴"和长期租金优惠"双重好礼"，两位姑娘决定，把"家"安在乐城活力社区，开启在宝山的新生活（图4-63）。

图 4-63　入住保障性租赁住房的小程和小凌(应届硕士毕业生)

第五章
高水平服务：全面增强人民居住的幸福感

Chapter 5
High Level of Service: Comprehensively Enhancing People's Happiness in Housing

从最初的找房需要漫无目的地四处询问，到后来可以在特定的网站找房，现在大家只需打开手机，下载"随申办"App，点开"我要租房"服务即可精确而快速地找到自己中意的房型。"随申办"App集众多功能于一体，租房栏目中包含市场化租赁住房和保障性租赁住房，房屋备案齐全，不用担心房屋改造引起的系列问题。只要租户在随申办的租房申请经审核通过，可以立刻前往社区现场选房、线上签约、拎包入住。

保障性租赁住房承租人及居住使用人可以按规定在租赁房屋所在地办理居住登记、上海市居住证及社区公共户落户，并相应享受未成年子女义务教育等基本公共服务；保障性租赁住房全面纳入城市网格化管理、社区管理服务和物业服务范围。

共同参与、共建家园、共同治理使保障性租赁住房中青年人更有家的感受。目前的租户中，入住更多的是正在职场打拼的年轻人，他们不同于传统的租户，不仅需要满意的居住环境，也追求一定的社交氛围。租户自己组建的各种社团和管理会，能够从自身角度出发，更准确地洞察住户的心理，了解他们的真实需要，从而提供相应的服务，同时针对租赁社区内所出现的问题，也能设身处地为租户着想，给出更好的解决方法。

社区是城市基层治理的"最后一公里"，而社区党建是领航社区多元共治、提升城市基层治理能力和水平的关键。在众多的保障性租赁住房社区中，都设置有党群服务中心，社区党委积极主动凝聚各方力量，坚持党建引领，将基层党建与民生有机融合，解决租户生活上和工作上遇到的各种难题，适应租户的空闲时间来举办各种活动，在日常生活中实现党建的思想引领。

Affordable rental housing provides high-level services to new citizens and young people, and comprehensively enhances people's happiness in living. Shanghai has established a smart and convenient network information platform for rental housing services. Tenants only need to open their mobile phones, download the "Go with the bid" App, and click on the "I want to rent a house" service to find their favorite room type accurately and quickly. The "Go with the bid" App integrates many functions. The column of rental housing includes market rental housing and affordable rental housing. The housing record is complete, so there is no need to worry about a series of problems caused by housing renovation. As long as the rental application approved, tenant can immediately go to the community site to choose a room, online signing, fully furnished.

The tenants of the affordable rental housing enjoy the same public service rights and interests with the owner. The tenants may, in accordance with the regulations, handle the residence registration in the location of the leased house, the Shanghai Residence Permit and the community public households, and enjoy basic public services such as compulsory education for minor children accordingly. Meanwhile, affordable rental housing is fully incorporated into the scope of urban grid management, community management services and property services.

Renhui Court, located in Wuliqiao Neighbourhood, Huangpu District. The children of tenants can enjoy high-quality education resources and enter kindergartens nearby. Jiayuan Community, located in the old city of Xuhui, is a renovation project of old housing. Most of the tenants are young talents from scientific research institutes. The project is incorporated into the grid management of neighbourhood communities, and tenants and residents often jointly hold various neighbourhood activities in the community sharing space. Zhonghai Huanyu project is public rental housing in the Minhang district high-grade commercial housing district. Minhang district public rental housing company, commercial housing property company and local neighbourhood built talent apartment party service station, youth union community, organized various community volunteer activities, and young talents and residents owner are harmoniously integrated.

The affordable rental housing community in Shanghai is striving to create a living environment where tenants shared and governed by them, and to create a "home" atmosphere of joint participation, home construction and joint governance. While equipped with basketball court, gym, public kitchen, and shared reading room, it is committed to creating the value-added of hard space and soft services, and building a communication platform for like-minded tenants to carry out various social activities. OCT Graomi Community set up a tenant committee, together with the project operator to formulate the community neighbor convention, organize community sports and recreational activities, so that the tenants' life is colorful, they live and work in peace and contentment. The operator of China Resources Youtha will regularly organize multi-theme community activities such as adult Children's Day party, Teacher's Day activities and living Life Festival, so that tenants live alone but not lonely.

In many guarantee rental housing communities, service center between the party and mass are set up, so that the community party committee strengthen cohesion, adhere to the lead of party, the organic integration of party and people's livelihood, solve the tenants' problems on living and working, to adapt to the tenant's free time to hold various activities, realize the thought of party lead in daily life.

The party and mass service station of Xin Community provides tenants with micro classes for employment guidance, reading meetings, illustration and paper carving manual activities. Rainbow Bay Community sets up a youth council, a party and mass service station, organized youth basketball games and four history reading activities. Rongcheng Xinye Garden talent apartment organized community party members to make zongzi. The party and mass service station of Xinyue Apartment opens up self-management study rooms for young people, organizes community activities such as market carnival, interactive games, outdoor movie viewing and so on. Longnan Jiayuan community carries out youth cooking competition activities, intelligent reading activities. Community Party Building is the key to leading the community diversified co-governance and improving the ability and level of urban governance. It is making rental communities the "last kilometer" of urban governance.

第一节
Part 1

智慧便捷的服务平台
Smart and Convenient Service Platforms

1. 方便的"随申办"App

2022年7月20日,全市统一的保障性租赁住房管理平台已经上线,所有已经认定的房源开始陆续录入新平台,并进行新增项目的网上申请和审核工作。功能完善后,形成线上住房租赁企业主体管理、市场化租赁住房房源核验、合同网签备案、租金押金监管以及保障性租赁住房房源管理、申请审核、合同网签备案等功能模块,逐步实现从主体、房源、合同到资金的全流程管理。

2022年10月,依托上海市政府"一网通办"门户和"随申办"App开发面向社会的"我要租房"线上应用场景,汇集本市保障性、市场化等各类租赁房源,面向社会提供找房、申请、签约以及办理相关公共服务事项的一站式服务,逐步建成居民群众在线租房的主渠道。

目前,所有新增保障性租赁住房项目的房源信息都可以通过"我要租房"小程序查询(图5-1)。

图5-1 "随申办"App保障性租赁住房申请界面

小叶是一位刚毕业的大学生,正准备和闺蜜一起在外租房,偶然间看到城投宽庭发布的房源信息,在进行一番初步了解后,便在"随申办"App上申请租房,在审核通过后来到城投的江湾社区看房。在看房的过程中,小叶对社区的公共配套和房型设计非常满意,当即就决定签约,很快就成功办理了入住。小叶表示,从看房、签约到入住最快半小时就能完成,效率非常高。入住这些集中式租赁社区需要提前在"随申办"App上提交申请材料,一般不超过3~5个工作日就可以收到反馈结果。

2. 全面的信息系统

保障性租赁住房信息系统由房源管理、人员审核、网签备案三大模块组成。为市、区房管部门，租赁企业在 PC 端提供房源录入、两次核验、受理审核、网签备案等功能，满足（线下）个人申请办理等业务场景需要，并为来自移动端的申请家庭提供快捷的审核、轮候、签约服务的后台支撑。

"我要租房"保障性租赁住房申请纳入上海市"一网通办"政务服务体系，形成线上为主、线下为辅，线上线下同标办理申请服务模式，基本实现保障性租赁住房自申请到入住全程网办以及达到政务服务"一件事"（一次办）要求。通过跨部门数据共享，保障性租赁住房申请对象可以实现线上当天申请，当天即完成审核并签约入住。截至 2023 年 4 月，通过"随申办"移动端办理申请的人员突破一万户，占申请总量的 94%。"随申办"保障性租赁住房专题服务页面累计访问量达 623.2 万次，日均访问量近 3.4 万次。

未来，按照规划"一张地图"、建设"一张动态"、房源"一个核验码"、合同"一个网签平台"，继续加强保障性租赁住房智能化管理，加快构建保障性租赁住房"规建管服"一体化架构，并推进在上海市住房城乡建设委城市精细化平台落图展示。

各区也在保障性租赁住房信息化服务上不断优化，如临港新片区为解决新市民、青年人租房痛点、堵点、难点问题，打造选房、租房"一站式"线上枢纽，建立临港新片区统一的保障性租赁住房管理平台及官方网站，涵盖公共租赁房、保障性租赁住房、社会租赁房源，全面统筹新片区保障性租赁住房供应管理和运营服务，进一步实现"房屋银行"功能，更好地提升管理能力和服务水平。

立足于临港新片区人才服务需求，临港新片区保障性租赁住房平台将逐步统筹临港新片区各保障住房运营公司所属全部保障性租赁住房房源，为用户提供资格申请、租房服务、后期维护等全生命周期服务，将逐步实现政策解读、办事指南、地图找房、便民服务、增值服务等功能（图 5-2）。

图 5-2 临港新片区人才安居网界面

第二节
Part 2

均衡有效的公共服务
Balanced and Effective Public Services

1. 全面纳入城市网格——仁慧苑

仁慧苑是黄浦区新建的一个保障性租赁住房社区（图 5-3），总建筑面积 4.99 万平方米，住宅面积 2.52 万平方米，由 2 幢多层和 1 幢小高层建筑组成。在中心城区的仁慧苑具有新建商品住房小区的品质，虽然是租赁住房社区，但小区环境、居住品质、商业配套、社区管理一点也不逊于商品住宅小区。该社区具有优越的地理位置，一般来说，居民小区距离一条地铁线较近就可给住户带来交通便利，而仁慧苑附近有三条地铁线，分别是 4 号线、8 号线和 9 号线，出行相当便利。另外，步行 10 分钟可到达上海交通大学医学院附属第九人民医院和上海师范专科附属学校，医疗和教育资源优越。

（1）品质的居住生活

仁慧苑项目共有房源 364 套，其中一居室 192 套、二居室 162 套、三居室 10 套，可满足家庭及单身人士的不同选择。同时，仁慧苑绿化覆盖率为 35% 以上，其中屋顶绿化 1000 平方米，庭院绿化 2700 平方米。庭院绿化与屋顶绿化互为有效补充，且均对本小区居民开放，结合景观小品，成为居民散步休憩的场所（图 5-4）。

图 5-3　仁慧苑项目外观　　　　图 5-4　仁慧苑小区绿化

（2）全面的社区管理

仁慧苑供应之初，五里桥街道中二居民委员会和项目管理公司主动对接，将其全面纳入社区管理，并使仁慧苑成为一个独立的城市管理微网格。仁慧苑物业与中二居委会相互配合，优化管理，使仁慧苑成为该居委会管理下的示范小区，并获评"节水型小区"称号（图5-5）。

仁慧苑同时设有仁慧苑党群服务站和仁慧苑人才中心两大社区管理机构，向居住在仁慧苑的租户提供了一个集学习、办公、休闲、社交等为一体的社区综合服务场所，站内设置路演区域，配置LED大屏、环绕音响等设施，配有沙发、茶几等家具。通过创建共享图书馆，增加图书外借服务，定期开展特色公益讲座、便民服务、文体活动、党建教育特色活动、人才服务专项活动等，满足群众对高质量文化生活的需求，打造"仁慧缘"党建品牌特色，提升服务品质（图5-6）。

2021年5月20日，五里桥街道社区党群服务中心、建设银行第四支行、君合律师事务所、太保人寿保险公司、曙光医院、黄浦区图书馆、黄浦区住房保障事务中心、永业思南、卢湾公租房公司等9家单位基层党组织以党建联建方式搭建"仁慧缘"党群服务平台。同时，党群服务平台深入拓展利用区总工会、区妇联、区团委、五里桥街道、联建单位等资源，充实完善党建教育服务、"我为群众办实事"、青年人才服务、"佳人荟"妇女之家四大子品牌内涵，全面提升"仁慧缘"党群服务品牌，坚守为民初心，践行服务使命。

图5-5 中二居委会

图5-6 仁慧苑党群服务站

(3)专业的物业服务

仁慧苑项目配有专业且独立的物业管理团队。永业集团下属同康物业管理有限公司为仁慧苑租户提供全天候管家式服务,通过精准服务、高效服务、周到服务,将小家融入大家,让租户有归属感和安全感。物业团队以租户为中心,依托领先的互联网与物联网技术,将租户、物业、社区设备、便民服务、公共资源等连接起来,实现人、设备、服务的互联互通,构建更安全、更便利的现代化智慧型数字社区(图5-7)。

图 5-7 仁慧苑物业

(4)自带的商业配套

仁慧苑项目拥有商业配套2792平方米,为入住的租户提供配套商业服务,社区商业中健身房、沙龙美发、咖啡吧、美食餐饮等应有尽有,让租户尽享便捷的品质生活(图5-8)。

五里桥路,原本并不是什么热闹的地段,但最近因为仁慧苑的开放,这条小路热闹起来了——一排小店几乎全开出来了,从早到晚都有生意。在一家名为"乒乓馄饨店"的门口,恰逢中午时分,店内坐满了顾客,店门口的4个外摆位也被占满,小店内3个工作人员忙得不可开交(图5-9)。

图 5-8　仁慧苑商业区　　　　　图 5-9　仁慧苑馄饨店

（5）周周有活动

"周周有活动"是仁慧苑社区最大的特色之一（图5-10）。仁慧苑党群服务站几乎每周都会组织租户并且联合周边小区居民举办各种活动，例如咖啡文化体验活动、"亲近自然，乐享春天"仁慧苑社区户外运动周等。不仅

图 5-10　健身拉伸康复指导

丰富了居民们的文化生活，吸引年轻人走出家门，参与到社区活动中，同时增加了居民彼此之间的互动交流，增进了和睦邻里情。

租户王女士表示，住在这里的感觉真的很好，小区的管理很专业，也比较严格，住得放心。虽然是租房，但住在这个社区很有归属感。

保障性租赁住房职住平衡

仁慧苑充分发挥保障性租赁住房的政策属性，有效服务了落户黄浦区的新市民和青年人，促进了黄浦区的职住平衡。从仁慧苑承租人特征分布

表中可以看出，承租人中绝大部分为非沪籍的青年人，且本科及以上学历人数占比在 90% 以上（表 5-1）。

仁慧苑承租人特征分布（2023 年 5 月） 表 5-1

类别		占比	类别		占比
户籍	沪籍	22%	行业分布前四位	金融业	22%
	非沪籍	78%		制造业	21%
年龄	18~40 周岁	79%		医护人员	12%
	41 周岁以上	21%		党政机关（公务员）	6%
学历	博士	9%	单位分布前三位	中国船舶集团有限公司	9%
	硕士	46%		上海交通大学医学院附属第九人民医院	7%
	本科	36%		上海票据交易所股份有限公司	3%
	大专及以下	9%			

仁慧苑的居住人群多为周边单位的职工，这部分租户本来就居住在单位周边，但单位位于上海中心城区，受到租金贵、房子老等情况制约并不能为职工带来良好的居住水平。仁慧苑开放后，租住在周边小区的居民搬进了仁慧苑，居民的居住条件得到了很大改善。另外，从仁慧苑承租人行业分布来看，租户多为金融业、制造业人员，从单位分布来看，中国船舶集团有限公司和上海交通大学医学院附属第九人民医院占比较大，且上海交通大学医学院附属第九人民医院到仁慧苑步行仅需要 10 分钟，部分刚入职的医护人员可以申请仁慧苑项目，真正实现"职住平衡"。

工作在五里桥街道辖区内企业的李小姐回忆起以往租房的经历，仍感疲惫。李小姐过去每天下班就要 6 点，再挤晚高峰地铁到家要 7 点，还要做饭、洗澡……自己先后在浦东、闵行两个区租住。租住的虽都是靠近地铁的小区，但每日早晚高峰挤地铁的经历让她苦不堪言。正因如此，李小姐希望租住的房子能离公司近一些。李小姐回忆说："公司周边房子看过不少，不是价格太高就是环境欠佳，始终找不到合适的。"

一次偶然的机会，李小姐在公司同事处了解到项目对外开放的信息，而且项目就在公司附近，于是她马上去网上寻找相关资料，随后，李小姐来到五里桥路58号的综合服务中心了解相关办理流程。"整个办理过程很便捷，比在外面租房还要方便。"李小姐说。就这样，李小姐成为仁慧苑首批获得准入资格证的租户。经过一次选房后，确定了一套一室户的房屋。

谈起自己的"新家"，李小姐的兴奋之情溢于言表，再也不用挤早晚高峰的地铁回家，步行15分钟，骑车7分钟即可到达公司。

仁慧苑不仅为租户提供了品质化的居住环境，更为租户的孩子提供了同质的教育资源。其临近上海师范专科学校附属小学，步行仅需10分钟。

2. 历史风貌区老住房——嘉园

天平街道地处上海中心城区的衡山路复兴路历史文化风貌区，有着深厚的历史积淀和人文底蕴，在这里能感受到徐汇老城区的风采，欣赏到徐汇区特有的落叶道路景观。其中的永嘉路是一条长约2000米跨越黄浦区和徐汇区的永不拓宽的小马路，道路两旁散落着德、法、西班牙等国各式花园洋房，石库门里弄等，既有浓浓的市井气息，又有满满的小资情调。

作为见证徐汇和黄浦历史变迁的老住房，曾经的永嘉路492弄并没有消失在城市发展的洪流里，而是以崭新的面貌——嘉园，陪伴着一群心怀梦想的年轻人，继续见证上海这座城市的成长。在永嘉路492弄，曾经有一幢"小梁薄板"、年久失修的住房建筑（图5-11），在天平街道和徐汇城投集团的共同努力下，成为提供给徐汇区中高端人才的保障性租赁住房，并且改名为"嘉园"（图5-12）。

"嘉园"——"嘉"取自门前具有厚重历史底蕴的永嘉路，也表示美好，寓意"天平美好家园"。原为居民楼，后经拆迁改建作为公共租赁住房，服务于区属人才。原有租赁住房66家，户均居住面积不足17平方

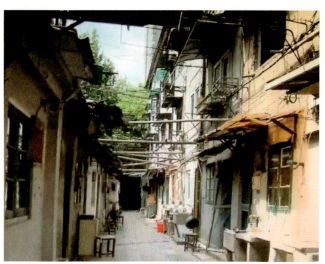

图 5-11 曾经的永嘉路 492 弄　　　　　　　　图 5-12 现在的"嘉园"

米。房屋结构严重老化，违章建筑密集，存在安全隐患，多户居民合用厨房，无卫生设施。后对该居民楼进行了装修设计改善，考虑到周边的公共服务实体较少，该处底楼被作为社区公共客厅使用，即一层为公共配套空间，二到四层为公共租赁住房，项目总建筑面积为1387平方米，提供租赁住房36套。

（1）空间虽小，五脏俱全

受客观条件限制，嘉园总体量不算太大，但空间虽小，五脏俱全。在1楼的公共服务生活区，设有党建活动室、洗衣房、厨房、健身房等各种设施，能满足租户乃至周边小区居民的日常生活需求（图 5-13）。

房间风格偏现代，整体设计到施工再到设备进场，运营方和施工方沟通密切，推进顺利，向市场开放后一周内36套房源均被预订入住，得到了区政府和租客的一致好评（图 5-14）。

图 5-13　一楼公共服务生活区

图 5-14　二到四楼的保障性租赁住房

（2）与周边小区共享资源

嘉园项目的服务重点为徐汇区内的重点企业、青年人才，主要服务对象为中国科学院、公安部第三研究所等单位的职工。由于嘉园地理位置优越，位于徐汇区中心且距离中国科学院、公安部第三研究所等单位较近，所以单位职工平常步行上下班，中午甚至可以回到嘉园午休，极大地减少了租户的通勤时间。这里装修风格简约，很受年轻人喜爱。

和其他小区一样，嘉园拥有完善的管理制度以及丰富的社区活动。嘉园被纳入徐汇区天平街道太原居委会，在嘉园管理人员的牵头组织下，经常同周边其他小区共同组织活动，增进租户之间的友好交流（图5-15、图5-16）。

图 5-15　白领午间课堂活动

图 5-16　元宵节活动

弄堂"围裙阿姨"入驻保障性租赁住房

嘉园所在街道原来有一支由老年人组成的志愿服务队,最初叫"围裙阿姨",那时候"围裙阿姨"推着一辆单车在街头给环卫工人们送汤圆。后来,越来越多人加入,到现在共有15人,也改名叫"宝怡乐"。这支由社区居民自发成立的志愿服务队,从团长到队员都是已经退休的老人,平均年龄达65岁。

由于嘉园一楼配置了宽敞的生活服务区,嘉园就成了"宝怡乐"志愿者团队的"根据地"。在志愿者团队以及天平街道、嘉园管理人员的共同努力下,逢年过节这里都会举办例如"感恩父爱,唯爱连心"父亲节、"为社区老人和户外工作者送上一碗腊八粥"等一系列暖心活动。这些itfc使得嘉园不仅给租户,还给社区街道提供了一个温暖的家园(图5-17)。

图 5-17 "宝怡乐"志愿者团队活动照片

一位环卫工作人员说道:"志愿者团队十年如一日关心着我们,嘉园就像我们的第二个家。"居民李先生也连连称赞道:"志愿者们对我们老人真情实意,平时无微不至地关心,让我也想尽一份力一起帮助他人和参与社区活动。"

3. 同一小区同一家——中海寰宇天下

高档商品住房中配建的保障住房,有时会被商品住房业主"排斥",部分商品住房业主甚至要求使用硬隔离,保障住房住户不仅不能享受小区的公共设施,更不用说社区公共服务,但中海寰宇天下这个小区则完全是同一小区同一家。

(1) 同一居委同一物业

中海寰宇天下位于闵行区梅陇镇,是一个高档商品住房社区,小区共有 16 栋楼,其中 26 号公寓属于保障性租赁住房,房源 150 套。如何实现租赁住户与商品房的业主和谐共处、共建家园,是住房保障部门、居委会和物业公司从项目交付第一天就开始考虑的问题。

小区的居民委员会就设在保障性租赁住房的二楼（图5-18），将商品房与租赁房作为相同的房屋管理，同一小区同一居委，同一小区同一物业，加上闵行区公共租赁住房管理机构的共同努力，形成了和谐的运作机制。

图5-18　居委会一角

在公共服务方面，居委会组织开展相关计生活动、文体活动、志愿者服务等无差异化活动。为了解决租赁住房停车难问题，居委会与街道等相关部门协调后，专门开辟了周边停车场供租户使用，并将停车场与业主共享。

26号公寓是闵行区首批人才公寓示范点，主要是区卫健委、区教育局等单位整体租赁该项目部分房源，整体租赁占已分配房源的88%，租户以青年单身医护人员和教师等人群为主（图5-19）。

保障性租赁住房管理部门会同梅陇镇党建服务中心、中海寰宇居委会探索建立了公寓党建（群团）服务站、小型的青年联盟等，创建了青年"党员之家"，同时积极开展了十余次人才交流活动，开展读书交友会，开启油画班，举行"携手闵房、乐居闵行""服务进博、助力进博""我为群众办实事""闵房人才新春"等系列活动，充分考虑人才的年轻化、多样化，为人才搭建沟通交流平台，促进各行业人才融合发展。

图 5-19　作为闵行区教师公寓的 26 号公寓

（2）拉近距离感

社区成立了首个公寓楼宇临时党支部，下设医疗党小组和教育党小组，共吸纳了 44 位党员。在临时党支部的牵头下，公寓内的住户积极投身到社区事务的建设中，积极参加社区举办的各项活动。为了使人才有"家"的归属感，公寓党支部把对人才的关心融入生活点滴中，大事小情都不放过。疫情期间，公寓内的教师和医护人员冲锋在第一线，家里孩子没人管、老人独自生活的情况常有发生。公寓为了保障好人才的大后方，在楼内建了互助群，住户之间相互帮忙，工作人员在住户有需求时也会上门帮助，这带来了极大的便利。梅陇镇党委委员宋梅虹提到，那段日子，大家心在一处，一家有事家家帮助。住户与住户的"小家"变成了整栋楼的"大家"，邻里感情也越来越好。

临时党支部以人才的独特优势为基础，在节假日和周末举办了多种多样的活动，帮助租赁住房的人才融入社区，与其他居民一起感受生活之美。端午节时，党支部组织社区志愿者阿姨手把手教公寓的青年人包粽子，感

图 5-20　一起包饺子

受浓浓端午情；春节时，党支部工作人员为公寓的留沪青年送去年货，一起欢度新年。党支部，也是党"知"部，用心守护社区，用情留住人才，公寓内的贴心服务，让公寓的人才感受到了家的温度（图 5-20）。

来自教育和医疗系统的人才在居委会组织下各显神通，医学科普、体检咨询、健美操培训、油画手工制作等一大堆好玩又实用的活动，拉近了他们与整个小区居民的距离。公寓内的医护人员组成"初心梦之队"，来到居民身边，为他们量血压、测血糖，并进行健康知识宣教和义诊服务咨询。教师们在寒暑假期间给社区的小朋友进行课外义务辅导，社区里的家长们也一起参与，反响良好（图 5-21）。

（3）志愿服务暖人心

26 号公寓以人才为中心，开展了一批人才志愿活动，鼓励人才积极投入到社区服务、社会志愿活动中，绽放青年力量。

中海寰宇初心服务社是以中海寰宇 26 号公寓中的居民为骨干力量所

图 5-21　一起写对联

成立的志愿者团队,这支队伍主要为医护人员。在医院上班时,他们是治病救人的"白衣天使",下班回到社区,他们是居民健康生活的"守护者",为前来就诊的居民进行认真细致的检查,并详细询问居民的日常习惯及身体状况,并针对病情给出健康保健建议。初心服务社志愿点已经变成了社区内的"小医疗站",为广大居民带去了便利(图 5-22、图 5-23)。居民张阿姨激动地说:"学雷锋活动,有很多志愿者为民服务,尤其是看到这些年轻人,又是国家的未来,又有爱心,他们真是精神十分可嘉。"

图 5-22　志愿活动

图 5-23　测量血压活动

进博会的志愿活动中，26号公寓人才的身影也构成了一道亮丽的风景线。进博会期间，居住人才公寓的青年们作为志愿者纷纷上岗，以实际行动服务进博、助力进博、奉献进博，承担了回答旅客问询的工作，主要提供线路指引、游客秩序引导、购票操作、闵行文旅路线推荐等服务。

多种活动聚人心、促交往

26号公寓为了助力人才服务成立的聚贤雅集社，能够将社区学校资源落实在公寓内，切实满足了人才业余生活的需求，以多元的活动增进了人才与人才之间、人才与人才公寓之间的情感互通。在聚贤雅集社，可以找到多种多样的图书，还有不定期的图书交流活动。这里已然成了大家的图书交流地，也是情感沟通站。

周六早晨，小周走进了中海寰宇人才公寓的活动室，每周她都会来这里。小周说："我是一名小学教师，上次活动是油画学习，我在这里学到了很多小知识，这种经历对我教小朋友很有帮助呢。"

和小周一样，每周六上午都会有很多住户来这里体验新活动。这些住户，很多都是人才公寓内的人才。建党百年时，闵行区梅陇镇综合党委携手中海寰宇天下居委会党支部在活动室开办了"初心·漫学党史"书画社。书画社结合人才公寓人才的需求，通过8期课程的教授，鼓励公寓人才以党史为创作背景，以动漫为表达方式，充分展现了公寓人才的热烈爱国情怀（图5-24）[1]。住在人才公寓五楼的李老师对那次活动印象深刻："那是我上过最有意思的书画课，把这么萌的漫画融入党史学习教育，让党课'活'起来了。"

小吴通过参与镇团委等组织的交友活动，找到了心仪的男朋友。小吴笑着说："我俩是通过一次活动认识的，发现我们都居住在公寓，离得也很近，中海简直是我和我老公的'红娘'！"临时党支部的工作人员说，他们已经吃了很多人的喜糖了。

26号公寓俨然成了一个人才沟通交流的积极平台，在互动中收获幸福，在活动中享受生活，人才在这里感受到了"吾心安处是吾乡"的温暖与浪漫（图5-25）。

---

[1] 梅陇党建，"漫学党史"共绘初心 情浓端午悦慧人才 [EB/OL].（2021-06-05）[2023-09-15].https://mp.weixin.qq.com/s/Zv7ovcm93_UpQRU3mpTXcw.

图 5-24　党史学习教育　　图 5-25　公寓租户的集体活动

4. 总体均衡完善的公共服务

均衡的公共服务主要在于保障性租赁住房租户可以无差异地享受周边的交通、医疗、教育、就业等资源，在解决居住困难的同时，更好地促进职住平衡，促进家庭的发展（图 5-26）。

图 5-26　放置在长宁区保障性租赁住房中的政务服务"一网通办"超级终端

上海师范大学房地产与城市发展研究中心对全市 16 个区共 58 个保障性租赁住房小区、1121 个租户进行调查，了解租户对周边配套的满意程度。具体内容见表 5-2。

租户对周边配套的满意程度调查内容　　　　　　　　　　　　　　　　表 5-2

您对使用周边配套的方便程度（打分题 请填 1~5 数字打分）
1）您工作生活使用公交通便利性：_____
2）您觉得周边就医看病便利性：_____
3）您觉得本小区内住户子女入托就学便利性：_____
4）您平时出门买菜、购物便利性：_____

若 3 分以上为满意，则四项公共服务的满意度都超过了 90%，而且都有超过一半的租户打了最高分 5 分（表 5-3）。

租户对公共服务配套的满意度调查结果　　　　　　　　　　　　　　表 5-3

	1 分	2 分	3 分	4 分	5 分	满意度
公交通便利性	2.9%	5.6%	12.3%	21.1%	58.1%	91.5%
就医便利性	3.3%	4.2%	14.5%	19.7%	58.3%	92.5%
就学便利性	4.3%	5.2%	17.0%	21.0%	52.5%	90.5%
购物便利性	4.0%	5.2%	11.8%	20.2%	58.8%	90.8%

在所有公共服务中，教育常常是有子女的家庭最为关心的问题，居住在保障性租赁住房中的家庭，可以办理居住证或公共户籍，按规定可以享受就近入学的教育配套。2021 年，相关部门对全市公共租赁住房适龄儿童享受义务教育的现状情况开展了一次较为系统全面的调查，调查结果显示，在使用租房地址入学的儿童中，进入公办学校上学的适龄儿童通勤距离在 3000 米以内的约占 80%，5000 米以内的约占 94%。

第三节
Part 3

共享共治的社区生活
Community Life of Shared and Joint Governance

1. 青年社区青年的家——微领地浦江社区

"青年人是情感细腻、爱好交往的群体，他们既希望有安静的居所，也渴望更多的社交，微领地浦江社区作为以单身青年居住为主的租赁社区，很好地满足了年轻人的需求，给他们提供了一个青年的家。"这番话道出了微领地的愿景和使命。

微领地成立于2011年，是较大的市场化青年社区保障性租赁住房资产管理平台之一，拥有7个项目，约3万间房源。企业集团以"让年轻人生活得更好"为使命，致力于开发建设运营现代化、大规模、高品质的连锁青年租赁社区。微领地主要服务于年轻的白领阶层，为年轻人提供潮流、舒适、安全、实用的居住空间，以"极致性价比"的理念，提供"小房间、大社区"的服务，用共情力、创造力和开放思维创造超级生态社区。

（1）弱关系与强黏性挖掘共享社区的多种可能[1]

在社区建设方面，微领地浦江社区致力于打造硬性空间与软性服务增值，项目配备了篮球场、健身房、会议室、便利店、菜鸟驿站等功能区域，承包青年社交、休闲、体验的集合场景（图5-27、图5-28）。

在社区公共空间和设施配置方面，微领地浦江社区配有公共厨房、餐厅、自习室和游戏厅等供租客免费使用，将兴趣爱好一致的群体聚集在一起，提供了交流平台。在微领地，几乎每栋楼都有一块共享区域，叫作"回声小岛"。它就像一个大大的租户客厅，同时，大家还能通过进出楼栋时墙上的告示栏得到"小岛新鲜事"。天南海北的租户们在这里分享自己的家乡故事，发起并邀请邻居参与社群活动。如今，"回声小岛"又多了一个新功能，成了大家寻求帮助、解决困难的新平台。

在留言板上，各种年轻的思维在这里碰撞——"我来自杭州，最想来一场说走就走的旅行"，"想办一场天蝎座生日会"，"周末来剧本杀"。对租客而言，青年

---

1 今日闵行微博·3116间房源、临近轨交8号线……上海又一超大型保障性租赁住房社区开业[EB/OL].（2022-10-27）[2023-09-15]. https://www.weibo.com/ttarticle/p/show?id=2309404829190812991550.

图 5-27 公共空间

图 5-28 篮球场

社区不仅仅是居住空间和生活配套,更代表着美好生活、社交的全新理念(图 5-29)。

另外,微领地浦江社区还和多个潮流 IP 合作,打造特别的社群活动。比如和"日食记"在共享厨房开展了"温暖你的心和胃"活动,分享独家料理菜谱,这对于互相之间是陌生人的租户来说也是一种全新的社交场景(图 5-30)。

图 5-29　回声小岛

图 5-30　与"日食记"的活动在共享厨房展开

来自江苏的邢小姐入住微领地已经 2 个多月了,她表示:"这里不仅有便利的配套设施,还有有趣的灵魂。中秋节的时候我参加了这里的中秋酒会,和大家共庆佳节,很快认识了新伙伴。"

（2）阳光好人计划

2016年，微领地社区携手上海阳光公益基金会联合发起的公益活动"阳光好人计划"，鼓励租户在工作之余积极投入公益活动；由微领地创始人牵头成立的上海阳光公益基金会，2022年共捐赠156万余元用于支持社会公益事业，希望将温暖传递给更多的人。

第六季活动主要面向旗下社区的租户，征集个人从事公益的突出事迹，并组织线上海选，由租户选出心目中的"公益好邻居"，给予房租减免的奖励。

同时，微领地还为爱挑战的租户们定制了专属公益任务，如依托支付宝"3小时公益"平台，邀请租户参与平台丰富的公益项目。此外，第六季活动更设置了由租户自主发起和组织的面向儿童的晚安故事捐赠、面向社区环境的"为地球捡废"等项目。

历次活动的合作伙伴上海阳光公益基金会，由微领地创始人牵头成立，基金会关注罹患大病的困境儿童、贫困家庭大学生、灾后恢复重建、特殊困难老年人等，开展阳光康复项目、阳光励志奖学金、阳光赈灾项目和阳光助老项目，积极打造公益项目矩阵，带动更多力量投入公益事业。

（3）一个人住，并不代表一个人生活

微领地打造年轻人的独属领地，延续大学社群概念，将兴趣爱好一致的群体聚集在一起，提供交流平台，引入前沿潮玩文化，构建青年潮流生活圈。社区通过完善的生活配套、丰富的社群生活，温暖的社区关怀，承载年轻人丰富多元的生活与社交场景，让年轻人住在一起、玩在一起，迸发出新潮、奇特、个性、时尚的无限活力。

社区主要社群活动项目有：微星生日会、樊登读书会、微星音乐会、回声市集、微醺鸡尾酒会、篮球赛、剧本杀等（图5-31～图5-36）。

图 5-31　篮球潜能训练营

图 5-32　微星生日会

图 5-33　回声市集

图 5-34　香氛手工活动

图 5-35　樊登读书会

图 5-36　反诈剧本杀

反向过年免租活动

"妈妈,我在这里!" 2023年1月19日,在上海虹桥高铁站出站口,微领地青年社区的租户小谢与从湖南来上海过年的家人团聚。小谢介绍,今年母亲担心春运的人流量大,于是提前从湖南赶到上海,避开了出行高峰,打算和自己在上海过年,顺便"参观一下大城市"。

自 2017 年开始，微领地青年社区在春节期间推出"反向过年免租"的活动，所有在租期内的租客可以在春节期间任意选择 7 天免费申请 1 个房间，房间仅供父母使用，方便租户与远道而来的亲人团聚（图 5-37）。

图 5-37 "反向过年免租"活动

"微领地让我重新感到了大城市的温暖，我已经有了久住的打算。"小谢说，毕业三年，因为工作辗转于各个一线城市，合租室友之间也都很"冷漠"，大家几乎没有交流，小谢几度考虑回家发展，之所以选择住在微领地，是因为这里更有家的感觉。

通过"反向过年免租"活动，微领地希望能让年轻人在大城市安心落脚，和自己、和邻居、和城市建立连接，真正"安家"的同时，也让身在异乡的家人安心。[1]

2．租户委员会——华侨城柚米社区

（1）业主有业委会，租户有租委会

业委会一般只存在于居住社区里，由业主组成，负责处理社区内大小事务。华侨城柚米这一租赁社区，借鉴业委会的设立构想，开创性提出成立租委会（即租户委员会），由租户代表担任，自治管理效果更好。

租户委员会是华侨城柚米社区在大型租赁社区管理上进行的一种组织创新。一般的商品房主要通过业委会实现业主自治，而租赁社区无法成立业委会，租户如何进行自治管理始终是一个难题。柚米社区在委员会概念的基础上，引导社区组建租户委员会，创造性地形成一种租户自治的社区管理模式（图 5-38）。

[1] 新京报．接父母过年可享 7 天免费居住 上海一长租公寓推行"过年免租"[EB/OL]．(2023-01-19)[2023-09-15].https://baijiahao.baidu.com/s?id=1755453023340991666&wfr=spider&for=pc．

图 5-38　租委会月会

租户委员会成员由租户自主报名,全体社区租户公开投票选出,代表全体租户意志(图 5-39)。租户委员会的职能是代表租户与社区管理方沟通日常运营问题,且租户委员会也会定期与社区管理方探讨如何将社区建设得更好,同时,租户委员会也负责处理租户之间发生的矛盾。

首先,租户委员会的优势主要在于其代表全体租户自身的利益,从本质上看是租户的自我管理,能够化解传统租赁社区管理下租户与社区管理方之间的利益冲突。其次,租户委员会成为租户与社区管理方之间沟通的桥梁,避免租户与柚米社区在社区管理上存在信息不对称的现象,能够降低沟通成本,提高社区管理效率。

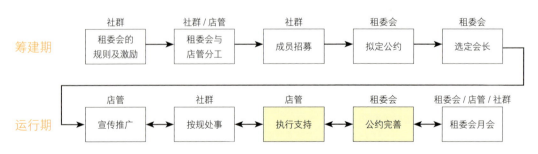

图 5-39　租委会筹建及运行流程图

租户委员会成员

律师马丁认为租户委员会是柚米社区与租客之间的重要桥梁，租户委员会能够充分反映租户自身的意志，在打造社区美好生活中将会起到重要作用，由于马丁本人也有较强的责任感，最终其加入了租户委员会（图5-40）。设计师薇薇安同样带着对美好生活的期许加入了租户委员会，"生活环境干净整洁、设施完善、邻里之间相处和睦，温馨有爱，这些都是我对美好生活的期许"。可见，租户委员会能够成为租户主导下创造美好社区生活的一种重要途径，薇薇安希望通过加入租户委员会这种方式为更多邻居高效解决租住方面的问题。为了自己和其他租户可以有文明舒适的居住环境，从事金融行业工作的克瑞斯也毫不犹豫地加入租户委员会，与委员会成员一起制定社区邻友公约、维护社区环境、创建和谐社区。

图5-40 柚米社区租委会成员

（2）社区邻友公约

在租户委员会的倡导下，全体租户集思广益，制定了社区租户共同的行为准则，即社区邻友公约（图5-41）。

社区邻友公约是在租户委员会倡导下的租户自治的进一步体现。在社区邻友公约的执行过程中，租户委员会充分发挥引导作用，管理方协

图 5-41　社区邻友公约　　图 5-42　租委会成员与公约公告墙

助落实，共同推进社区的建设。例如，曾经有许多租户将垃圾放置于房门口，认为自己已经缴纳服务费，因此社区管理方有义务提供回收垃圾服务，自己并不主动处理垃圾。但是对于柚米社区此类大型租住社区来说，如果仅由社区配备的保洁人员回收垃圾，则保洁人员工作量极大，且清洁效率低。因此楼内会存在垃圾迟迟不丢发烂发臭的现象，影响了社区的环境卫生，损害了其他租户的利益。在租户委员会成立后，租委会会长带领其他委员会成员，在下班后逐层逐房进行巡逻，提醒邻友遵守社区邻友公约，及时处理房门口的垃圾，很好地解决了租户在房间门口丢弃垃圾的问题，推进了美好和谐社区的建设（图 5-42）。

（3）自发的社团活动

柚米社区有两大特点，第一是年轻化，即租户普遍为年轻人；第二是大型社区，租户数量多。这两个特点意味着在社区内开展社团活动存在良好的基础。除了工作，年轻的租户在空闲时间普遍会选择一些娱乐活动来丰富生活。同时，在一个大型的租赁社区内，年轻的租户找到志趣相投的人的可能性更大。目前柚米社区已经由租户自发组织形成了 16 个固定的社团，并已开展了丰富的社团活动（图 5-43～图 5-50）。

■ 目前社区累计有 16 个活跃社团

·狼人杀社　·塔罗牌社　·羽毛球社　·瑜伽社　·游泳社　·足球社　·烘焙社　·宠物社
·剧本杀社　·夜跑社　·健身操社　·舞蹈社　·网球社　·篮球社　·英语社　·手工社

图 5-43　社团情况

图 5-44　社区花艺手作活动

图 5-45　社区篮球赛

图 5-46　社区狼人杀活动

图 5-47　社区皮革制作活动

图 5-48 社区万圣节派对

图 5-49 社区桌游活动

图 5-50 社区网球赛

在租户自发组织社团活动的基础上,社区进一步对社团活动提供一定的引导和保障。社区运营方的策略专注于一些大的活动,比如音乐会、街头篮球赛等,引导不同兴趣爱好的租户找到组织。项目管理人员通过跟团长一起组建社团联盟,确定建立社团的流程、组织结构,协调社团之间活动时间如何错开,确保覆盖最多的人群等,保障每个社团都可以茁壮成长,让租户的生活多姿多彩。除此之外,运营方会给社区活动提供足够的场地。例如,部分租户喜欢深夜狼人杀等游戏,考虑到可能会影响其他租户正常休息,运营方会向这部分租户开放专门的游戏场地,既保障了社团活动的正常进行,也保护了其他租户的利益。

3. 独住不等于无社交——华润有巢

当代年轻人的特点是渴望社交但又害怕社交,他们喜欢一个人生活,也喜欢有趣的集体活动。华润有巢带领社区内的年轻人一起破冰,共同找寻向往的生活方式。随着生活质量的提升,越来越多的年轻人开始追求自由、独立、个性化的生活,他们勇于寻找真实的自我,去开启单独居住的生活,既希望在经过一天忙碌的工作后有一方小小天地释放自己的精神压力,也想要在闲暇时段能够参加一些活动,丰富自己的精神生活。

为了让各位青年租户在享受静谧独处时光的同时感受社交的快乐,有巢也精心策划了一系列活动来帮助大家认识彼此,丰富大家的精神生活。

(1) 成人版儿童节 Party

2021 年 6 月 6 日,有巢推出首次社群活动——"成人版儿童节 Party",遵循"尊重独处、引导相识、提倡共享"的服务宗旨,让有趣的人在一起做有趣的事,时常记得这世界的可爱。在这一天,有巢精心准备了手写邀请函、画报、气球和笑容(图 5-51)。

图 5-51 "成人版儿童节 Party"物料

参与进来的青年们纷纷表达了自己的观点:"6 月 6 日这天,在有巢二号楼与三号楼之间的运动场上,我看到了小时候最爱的零食、饮料和气球。""我们年龄相仿,简单的介绍很快拉近彼此的距离。"大人们的儿童节从破冰小游戏开始,之后逐渐进入游戏状态,然后通过单人或组合形式来完成任务挑战,游戏的类型丰富多彩,有烧脑的"谁是卧底",考验耐力的指压板,练反应速度的粘球和"正话反说"等。有巢的活动组织者表示,他们可以明显感觉到,无论是大朋友还是小朋友,面对有趣的游戏都会感到快乐,而这正是活动的意义(图 5-52)。

图 5-52　破冰小游戏

（2）学党史、庆百年

2021年4月30日，有巢开展了一场"党救革命——新民主主义革命的开端和胜利"的主题讲座，特邀嘉宾复旦大学马克思主义学院副教授李威利博士，以时下热门影视剧《觉醒年代》中的历史人物和历史事件作为切入点，通过翔实的史料分析和论证，带领听众回顾了马克思主义在中国发展的路径，以及中国共产党带领中国人民艰苦奋斗的斗争历程。通过系列学党史、庆百年活动让新时代的青年高举社会主义大旗，怀揣中华民族伟大复兴的中国梦，在党的领导下，成长为新一代逐日移山的积极建设国家的有志青年（图5-53）。

图 5-53　学党史活动

(3) 花礼赠园丁——寻找最美教师

2021年9月10日,有巢社区泗泾店开展"花赠园丁"的活动,向广大教师致以诚挚的问候和崇高的敬意!活动时间在下午5点至晚上10点,租住在上海有巢国际公寓社区泗泾店的老师可以凭教师资格证在社区主入口领取一枝鲜花。正是下班的时间,更是庄重的教师节,有巢的活动让各位居住在此的老师感受到自来社区的温暖与善意(图5-54)。

图5-54 教师节活动

(4) 有巢LIVING生活节

初夏夜伊始,碧草蓝天,万物柔软,这是有巢国际公寓社区最好的时节,宜欢歌,宜相聚,宜小酌,抑或参与一场炽烈而细腻的音乐派对。2023年5月,为了庆祝即将到来的"有巢五周年",有巢社区东经店在有巢LIVING生活节期间,落地举办了首场大型音乐盛会,伴随着晚风,有巢国际公寓社区东经店的露天音乐派对翩然而至,上百人齐聚在社区的大草坪上,一起度过了近3个小时的音乐时光。伴随着《第一天》的旋律,整场露天音乐派对的第一个章节"你好,巢粉"拉开序幕。之所以选择《第一天》作为开场,是因为这三个字对于有巢来说,有着特殊的含义,它既是三年疫情后的首场大型社群活动,象征着全新生活的美好开启,也承载着有巢社区东经店与用户初见时的温暖记忆。社区希望无论是旅客还是职场青年,在平凡的生活中,都能始终拥有最美的期待。有巢希望住在这里的青年邻居们,都能跟随音乐走入回忆,彼此分享人生故事;更希望"巢粉"们在露天草坪音乐派对中,与社区和伙伴们产生新连接,感受潮流时尚的日常生活(图5-55)。

图5-55 音乐节现场

除此之外,有巢社区还安排了公益乐学交友活动、红色读书会和《我和我的祖国》观影会等多次活动。在这里千百个有巢青年凝聚成千百种生活,为梦想而厚积薄发的光阴刻度,都写进各位青年的生活里。每个人都是独一无二的璀璨明星,选择独处不等于拒绝社交,有巢社区将来自五湖四海的青年聚集在一起,既给予他们独处的空间,也组织一系列活动提供社交途径,每个人都可以按喜好选择是否参加,满足大家不同的精神需求。

第四节
Part 4

党建引领的社区服务
Community Service Led by Party Building

1. 初心驿党群服务站——莘社区

莘社区作为莘庄镇的第一个大型保障性租赁住房社区，于 2022 年 8 月开始供应住房。在正式开业前，街道党工委与业主方、运营方就进行了对接。业主方将党群服务中心的 200 平方米左右的公共配套用房及时装修并移交给了街道，街道的沈书记及时入驻，并开展相关活动。沈书记同时兼任莘庄商务区的党支部副书记，充分利用硬件设施及单位优势，建成了初心驿·莘社区党群服务站。

党群服务站是莘庄镇为青年人才构建起的党建力量多元一体、阵地空间多维一体、组织活动多样一体的综合服务阵地，内设窗口接待区、阅读分享区、运动健身区等多个功能区，可为市民们提供"一网通办"平台相关业务和居住证的办理。城市书房环境优雅，温馨舒适，内设阅览室、开放式阅读区，配备有自主借阅系统等智能服务设备，为青年人提供全新的公共文化服务。青年中心集组织生活、主题教育、团建活动、文明实践、协商议事等功能于一体，每一个细节都充满着青春活力。未来，针对年轻人的喜好，初心驿还将举办电影欣赏、绘画手作、桌游娱乐、直播带货等活动，满足年轻人的休闲、娱乐、社交需求（图 5-56）。

图 5-56 初心驿·莘社区党群服务站

（1）初心合伙人

作为莘社区的党群服务中心，初心驿有一个很特别的设计，这里没有设立办公室，整个区域都是共享区。具体空间职能根据住户的需要随意切换，可以是谈话室、活动室、心理咨询室和书记工作室。

初心驿拥有众多的初心合伙人，除与政府合作的城市书房、卫生站、公安派出所外，还有企业代表、商户代表、租户代表和项目方。目前党建的沈书记同时也是莘庄商务区党支部副书记，在打造初心合伙人时联合了很多资源，以初心驿为主心骨，将莘庄镇文体中心的城市书房、社区卫生中心配建的卫生站等紧密联系在一起。

初心驿合伙人的企业代表都是一批来自莘庄商务区的有爱心、愿意做公益的企业人员。最初加入初心驿的企业有京衡律所、艾为电子、哈啰单车，到现在已经有更多家企业加入进来，包括大星文化、中铁上投、嘉和职校等，这些企业都愿意为社区人才贡献一份力量。有一家洗衣店非常有爱心，只要有党群服务站的签章，就可以提供免费改裤脚等服务，这里的合伙人都想着为年轻人做一些公益性的实事（图5-57）。

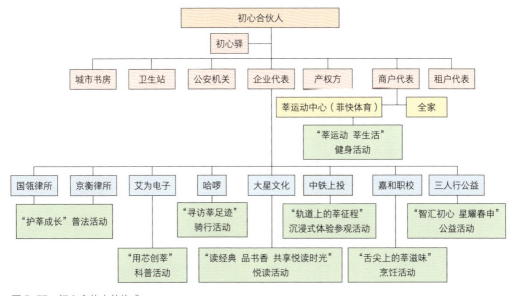

图 5-57　初心合伙人的构成

初心合伙人在加入时所秉持的观念是所有资源共建共享，大家既是初心驿志愿活动的参与者，有所付出，同时又是受益者，有所收获。初心驿这种初心合伙人组织形式，让每个参与的租户在生活中得到快乐的同时，有了主人翁一般的责任感和光荣感。

（2）服务是初心

作为一个大型集中型租赁社区，这里的住户有上班族也有创业青年。曾经社区内有一位女士在创业期间，多次向初心驿寻求帮助，都得到了正向的回应，包括借用共享空间作为临时办公室，来进行人事招聘和召开会议（图5-58）。还有些年轻人需要注册公司，初心驿负责人就组建群聊，让创业者和莘庄镇办证科的工作人员取得联系，使得公司成功注册。初心驿是租户们的暖心帮手。有一位年轻人意外扭伤，询问初心驿的工作人员哪里可以挂急诊拍片，初心驿的志愿者很快就给了回复和帮助，让受伤的租户很快得到治疗。

除了为莘社区的住户提供他们所需要的帮助外，初心驿还主动开展就业指导微课堂，让未就业和准备换工作的人找到未来去向的思路，同时也为合作企业做一些宣讲，将人才吸引过去，为企业输送新鲜血液（图5-59）。

图5-58 租户公司面试新员工

图5-59 就业指导微课堂

图 5-60　跳操运动

对于初心驿所提供的服务，租户也会有所回馈。他们会主动和企业联系，谈商业合作，社区内有位租户利用自己的资源和人脉，联合服务站举办了制作扩香片的手工活动，大家都踊跃参加，非常开心。有一位租户，在莘社区附近的健身房工作，于是他主动提出：为了不让大家一直被工作和懒惰束缚，愿意免费带大家一起跳操出汗，运动时间定在每周三的傍晚。这项活动持续下来，充分展现出年轻人的青春活力（图5-60）。莘社区多次开办市集活动，其中有三个摊位是留给租户的，作为跳蚤市场让他们的闲置流动起来，对这次市集活动租户报名都非常积极。

初心驿与莘社区住户之间的互相协作已经形成了一个良性循环，很多有条件的住户既享受服务的便利也在积极提供资源，使得合作效果越来越好。

（3）活动聚人心

社区居住的大多是年轻人，为配合莘社区租户的闲暇时间，初心驿基本上将所有的活动放在周末，由党群服务中心联合不同的单位来开展活动。也有社区青年自发举办活动，利用自身的特长和爱心带着大家一起快乐生

图 5-61　大星文化的活动　　　　　　　图 5-62　嘉禾的活动

活。由于社区里的年轻人数量比较多，对于各种活动的需求也更丰富，对于初心驿所提供的活动机会，大家都非常踊跃地参与进来。

初心驿合伙人之一大星文化将自己的作家资源引入莘社区，目前社区内已经举办过多场读书分享会，在住户群体中反响很好，调动了很多人的读书热情（图 5-61）。嘉禾也是初心驿的合伙人之一，它是一个非常有爱心的公益基金会，基金会工作人员经常会去贫困的地方进行招生，然后免费为学员提供帮助，对他们进行西点西餐的培训，让他们有一技之长，可以去寻求谋生之道。嘉禾基金会联合初心驿，曾举办供社区住户学习制作青团和雪媚娘的活动，由企业提供设备和材料，住户全程免费参与（图 5-62）。

莘庄商务区有一个知名度不高的小剧场，现场观众可以近距离看到演员们演戏。沈书记在与剧团交涉后，剧场愿意以 2 折的票价举办一场表演，那场表演座无虚席。后来看电影就成了一项定期的活动，社区会在共享区域通过投影播放一些经典电影，想看的住户都可以自己过来观影（图 5-63）。

初心驿还开展了捐书活动，大家不舍得丢掉或出售的书籍，都可以收集在服务站的书房中供其他人借阅，这项活动收获了一致好评。除此之外，沈书记策划了一项愿望书单征集令活动，将大家想看却没有的书单收集起来，然后进行集中采购，同样也放在党群服务中心的书架上供大家阅读，而且这个活动是长期的,基本上一个季度进行一次。社区内小朋友和年轻人都觉得这种征集书单的活动很好,看书的时候也非常开心(图5-64)。

初心驿和相关企业合作开展的活动有很多,包括与京衡律所合办的普法活动,艾为电子的"用芯创莘"科普活动,还有自发地传承地区非物质文化遗产的钩针编织、创意纸雕、插画展览、多肉种植等各种活动(图5-65、图5-66)。考虑到女生会更喜欢小饰品,沈书记策划了"开蚌寻珠,胸针制作"的集体活动,让大家自己开河蚌,取珍珠,洗干净后镶嵌在胸针、耳环、项链等饰品上,活动效果非常好,大家都很喜欢这种自己动手制作的小礼物。

初心驿的初衷在于开展一些特色活动,致力于让社区内住户觉得在这里生活是一件很美好的事情,让他们更加热爱生活。

图 5-63　观影现场

图 5-64　愿望书单征集令

图 5-65　创意纸雕活动

图 5-66　插画展览

(4)社团促交流

莘社区在初心驿搭建的平台上,形成了丰富的社群联盟,结合租户需求,以主办、协办、牵线、合作的方式组织。社区内的各类主题社群,形成了社区资源协同效应,提升了项目活力与黏性,从而更好地服务社区居民。

莘社区有互相加油打气、互为精神支柱的备考社团,供大家一起学习打卡;有热爱自然、喜欢户外的徒步社团,组织成员们一起去骑行和徒步;也有一群热爱音乐的小伙伴组成的合唱团和各种乐团;还有各种不同的运动社团,包括篮球、足球、舞蹈、瑜伽等。众多风格的社团,围绕不同角度满足社区内年轻人的偏好。

其中特色鲜明的社团有落日瑜伽,一群热衷于瑜伽运动的年轻人会相约在室外的楼顶,映着落日余晖一起运动,和室内相比韵味顿生(图5-67)。还有周末拍电影的社团,几个年轻人在周日的下午,一起写稿,一起选景,一起拍摄,然后再剪辑成一部短片(图5-68)。

图 5-67　落日瑜伽

图 5-68　周末拍电影

初心驿负责人表示社区运营初期很多活动以初心驿组织为主,未来争取在住户之间形成一种黏性,等他们相互认识了以后,可以根据青年人自己的需求,让租户自己组建不同的社团,从而在生活和工作以及其他方面进行更多的交流。

党群服务中心对社区的年轻人而言是一个可以实现精神寄托的组织,在上海这座城市,很多年轻人都是异乡客,他们身处其中,会觉得飘浮不定,觉得孤单,而党群服务站的存在,可以帮助他们了解这个社区,找到志同道合的朋友,形成新的关系圈,为他们提供生活上、工作上的各种支持。

2. 彩虹桥青年议事会——彩虹湾

真正的思想引领需要通过潜移默化、润物无声的方式来实现,未来掌握在年轻人手中,因此正确引领青年的思想便尤为重要。彩虹湾项目成立的"青年议事会",实现了"自我管理、自我服务",将对青年的思想引领完美融入日常的社区自治中。

虹口区彩虹湾保障性租赁住房位于该区北部的江湾镇街道彩虹湾蔷薇里小区内(图5-69),共有418套住房,居住人口600余人,平均年龄为35岁。这些青年租户大多来自江苏、浙江等地区,所从事的工作

图 5-69　彩虹湾保障性租赁住房项目

主要集中在医疗、建筑、航运、科技等领域，都是具有高学历、高技能、高智商的"三高"青年人才，其中博士、硕士占了一半以上。

这幢租赁住房里有 68 名党员、43 名团员。如何帮助他们通过成立"青年议事会"的方式，加强自治管理，让居住在项目里的青年感受到虹口的热度、江湾社区的温度，并用潜移默化、润物无声的方式，实现对租住青年的思想引领，成为江湾镇街道党工委一直在思考探索的问题。成立"青年议事会"，就是解决问题的一个有效途径（图 5-70）。

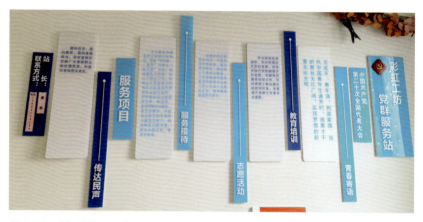

图 5-70　彩虹湾社区党群服务站

2019 年，根据区委推进新时代基层党建高质量发展三年行动计划要求，有序推进青年党员"三进"工作（青年进物业、进业委会、进小区）的要求，在多方共同努力下，彩虹湾社区组建了"自我管理、自我服务"的"彩虹桥青年议事会"。让青年人参与到社区事务当中，为社区治理注入新鲜血液。在"四史"学习教育中，支部携手彩虹湾社区党支部组织了租户中的党团员利用休息日开展了"行走中的党课"活动，做到基层党建教育 24 小时全覆盖（图 5-71、图 5-72）。

议事会成员在小区租户中通过民主推荐、自荐和所在单位推荐产生，现由五人组成。理事会下设五组一队，分别是为以手工制作为主的"青秀坊"，以分享读书为主的"红讲坛"，以休闲运动为主的"篮球手"，以节能环保为主的"绿卫士"，以品味生活为主的"粉生活"和"绿盟垃圾分类志愿服务队。青年议事会依托"彩虹工坊"公共空间举办了"环保再利用"、永生花灯制作、五对五篮球赛等契合年轻人特点的活动（图5-73），并收集租户们对居住环境和生活的意见建议，成为租户与管理单位之间的纽带。青年理事会还组织青年党员"亮身份、展形象"，信报箱上贴着一张张卡通的红军像，代表着这里的租户是一名党员。小区越来越多的年轻人"走出小家为大家"，努力提高青年对社区自治的参与度和贡献度，共享美好的社区生活。

图5-71 彩虹湾社区党支部和青年议事会

图5-72 2020年7月"四史"学习

图5-73 彩虹工坊青年篮球赛

青年议事会成员均为兼职工作人员，议事会的主旨为提升青年社区活力和影响力，增加青年幸福感和归属感。通过微信群在线沟通方式，将住户、项目公司、社区居委会聚在一起，提高沟通效率，使问题得到最高效的解决，拉近邻里彼此的距离关系。

社区以物换物活动

夏季的某个周末，彩虹湾蔷薇里小区的广场上很热闹，各种摊位一字摆开，面包机、熨烫机、体重秤、咖啡壶、家用电话……摊位上摆放的都是兼具实用和使用价值的家用物件，这是在彩虹湾居民区党总支牵头下，在街道团工委、项目公司和"彩虹桥"青年议事会多方参与下组织的"零距离·彩虹堂"以物易物活动，目的就是让环保低碳的理念在社区里流行开来，让闲置物品"游走"至更适合它发光发热的地方（图5-74、图5-75）。

事后回忆时，"青年议事会"成员沈玲琦提到一个印象深刻的故事。活动刚开始没多久现场就来了一位10岁左右的小女孩，孩子好奇地询问了"以物换物"活动规则后，飞奔回家拿来了自己的"闲置宝贝"，有各种课外书籍、彩色线及玩具珠宝手链。原来小女孩的耳机坏了，她想用这些换摊位上的一副耳机，恰巧耳机的提供者就是沈玲琦本人，于是她与小女孩愉快地完成了这笔"闲置交易"。看到小女孩捧回了自己心仪的物件以及脸上洋溢的笑容，沈玲琦觉得获得了莫大的鼓励和温暖。她说："这事往小了说是邻里之间互帮互助的一种体现，往大了看是在孩子的心中种下了环保的种子，所以我愿意和小伙伴们一起把这事情进行下去。"

图5-74 "以物换物"方案讨论　　图5-75 "以物换物"活动现场

3. G60科创走廊示范党建服务站——茸城新业苑

2018年4月,松江区首个人才公寓茸城新业苑小区建立了"微厢"共享空间,将党建服务与共享空间融为一体,致力于为G60科创走廊企业人才提供便捷的社区服务、互通的交流平台,让社区青年在享受集体活动的同时沐浴党的光辉。

"微厢"共享空间满足人才对知识、运动、休闲等活动空间的多样化生活和工作需求(图5-76),内设独立健身房、共享洗衣间、按摩椅、无人售货机、书吧、远程医疗室、独立工作室等。"现在的公寓绝大多数只有居住功能,服务功能太少,不能有效满足除居住外的娱乐、文化、健康、社交等需求。"早早享受共享服务的博阳新能源科技股份有限公司工程师张先生坦言道:"每次不知道去哪的时候就会来这里看看书、跑跑步,也结交到了很多志同道合的朋友。"

图 5-76 "微厢"共享空间

2018年8月茸城新业苑人才公寓功能型党支部成立,以"醉白池公园里的行走党课""垃圾分类我先行""回忆入党那一天"等主题活动为载体,打造党建引领人才新阵地,实现聚天下英才共建共享。

依托共享空间,松江区保障性租赁住房运营公司党支部把主题党日活动阵地搬到社区"家"里头,让越来越多的党员参与到社区服务中来。比如"学雷锋、共抗疫"活动唤醒了基层党员的先锋意识,党员纷纷亮身份作表率,让雷锋精神在抗疫一线闪光;"好书共享、品味书香"读书活动,让党员在阅读分享中开阔视野、滋养初心使命;清洁家园活动让党员在融入社区、服务群众的过程中,践行"人民城市人民建,人民城市为人民"的重要理念,以身作则争当创建全国文明城区的参与者、实践者、引导者,真正从思想情感上融入社区大家庭,与社区住户成为"一家人"(图5-77)。

茸城新业苑功能型党支部陈书记在任职之初说道:"希望发挥党员人才的热情和特长,激励人才服务于松江经济发展和社区建设,使'微厢'成为松江基层党建探索创新的新亮点。"2023年,运营公司拓展"微厢"

图5-77 主题党日活动

运作模式，进一步延伸党建阵地，打造了其他保障性租赁住房项目中的共享空间，在解决人才需求、发挥平台服务功能方面持续发力，达到以点带面、带动全局的效果。为了让人才真正融入社区建设，茸城新业苑人才公寓党支部为小区引进快递柜、统一安装纱窗等，有效解决人才的实际生活问题。同时依托人才资源，定期开展"人才＋入学"政策宣讲，育儿、人文历史类专题讲座等活动；传统节庆期间，来自全国各地的人才齐聚共享空间，写春联送祝福、包汤圆、猜灯谜、包粽子……奋斗的异乡人在这片多元天地焕发出新的活力，找到了"家"的归属感（图5-78）。

党支部切实把"四史"学习成效转化为推动保障性租赁住房高质量发展的生动实践，依托共享空间平台，致力于为住户提供更多暖心"软服务"，把提升住户获得感、幸福感、安全感作为检验基层党建工作的重要内容，以更高标准、更严要求创新社区党建服务，让松江保障性租赁住房成为人才"近悦远来"的安居乐土。

图 5-78 包粽子活动

4. "XIN 里巷"党群服务站——馨越公寓

2017 年,在长征镇的支持下,馨越公寓成立党群服务站"XIN 里巷",吸纳青年租户成为服务站骨干,以此开展各类社区服务活动,打造熟人社区、共建同心家园。普陀区馨越公寓有近 4000 户居民,青年租户占比 80% 以上,五湖四海的有志青年来到上海打拼,不约而同地在这里安家(图 5-79)。

图 5-79 "XIN 里巷"党群服务站

在"XIN 里巷"党群服务站里,不仅有宽敞的书桌,一排排书柜上也放满了可供青年随时借阅的书刊,而且还有影音室可看电影(图 5-80)。

"阅心书斋"是社区里一间青年们自管的自习室,平日晚间和周末下午都向青年们免费开放。自习室面积约 20 平方米,两面环窗,阳光可以从窗外照射进来。中间一张六边形的桌子,相应地放置着六把椅子。靠窗的地方,也有一张长条形的桌子,可供两三人看书(图 5-81)。

这间小小的自习室也是承载了租户梦想的地方,不少人通过在这里学习考取了各类证书,更多人感到的则是安心,在上海找到了属于自己的归属感。

馨越公寓举办的社区"XIN"集市嘉年华活动,为租户们创造更多认识的机会和更加有趣的环境。活动内容包括租户绿色市集、亲子互动游

图 5-80 党群服务站的共享空间

图 5-81 "阅心书斋"自习室

戏、旧物置换区、公益领养区、公益特卖区、露天电影区、情绪分类区（图 5-82、图 5-83）。

馨越公寓租户自主经营摊位，将通过手工艺品、闲置玩具、人像素描等带来生活气息与艺术灵感，给集市增添个性和多样性（图 5-84）。

活动现场还设置了寓教于乐英语互动游戏及高科技 AR 游戏，现场不少父母带着萌宝一同来感受集市的欢愉。通过AR技术，让小朋友们身临其境感受各种场景，小小租户们一个个跃跃欲试，一张张笑脸，让时光都洋溢着纯真色彩（图5-85）。

夜幕降临时，情怀露天电影让社区小伙伴们围坐在一起，有说有笑，在夜晚微风中，几个老邻居聊聊生活里的点滴趣事，结交几位新朋友，一起品味经典电影的魅力（图5-86）。

运营方以充满关怀的生活触点，为城市塑造邻里和谐相处范本，营造一种契合都市精英理念的租赁生活模式，为在上海的奋斗者们提供多元化、先行化、生活化的租住体验，激发城市发展活力。

图5-82 "XIN"集市嘉年华活动

图5-83 嘉年华活动一角

第五章 高水平服务：全面增强人民居住的幸福感

图 5-84　嘉年华活动现场

图 5-85　亲子互动游戏

图 5-86　露天观影

5．初心汇党群服务站——龙南佳苑

　　龙南佳苑地处徐汇滨江，是上海中心城区大体量的区筹保障性租赁住房项目，总建筑面积为 14.5 万平方米，共计提供 2021 套房源。龙南佳苑入住人员以徐汇区域内的一批知名 IT 企业和科研院所等的创新人才为主，有 2300 余人，其中本科学历超过 85%，研究生以上学历超过 40%，党员接近 20%（图 5-87）。

图 5-87　龙南佳苑实景图

即便在租赁社区，党群服务中心依然是不可或缺的部分，这里服务的不单是社区的党员朋友，而是所有有需要的社区居民。龙南佳苑的"初心汇"自始以来，一直积极努力为民众提供生活和工作上的双重保障。

社区管理方进一步探索、完善党建引领下的为民服务体系建设，贯彻徐汇区"500 米党建服务圈"的要求，努力打造八小时以外的党群活动阵地，旨在更好地吸引人才和留住人才。

2018 年 6 月成立的初心汇龙南佳苑党群服务站是"上海市房管行业党群引领示范点"。初心汇的运行理念是"汇理想、汇公益、汇生活、汇治理"，引导社区青年走出家门，开展自治，打造一个与社区青年共治共享的美丽家园。近三年来初心汇龙南佳苑党群服务站先后开展交友、手工、健身、讲座、演出等各类课程与活动 170 余场。同时，开展了"青年厨艺大比拼""龙南好声音"等线上活动；发掘社区优秀青年，举办"龙南青年说"系列活动，参与的青年们利用自己的专业技能服务社区；培育扶持有意愿的热心青年自发成立健身社团、瑜伽社团、松林悦读社等七个社团（图 5-88），通过引导他们自发组织活动，激发龙南青年人才的活力，使初心汇成为一个青年人才追逐梦想、实现价值的平台。

图 5-88　社区社团合影

初心汇龙南佳苑党群服务站和小区基本同步启用。很多居民入住时以为这个服务站只是"党员开展活动的地方"。不过很快就被拉入了初心汇的活动群，交友、跑步、羽毛球、读书、桌游、手工……住户们发现，这里其实是一处乐园。即使没有活动时，也可以走进初心汇二楼的开放空间，打开一本书慢慢阅读，与工作人员谈论这里的家长里短（图 5-89）。

图 5-89　亲子运动会

"灯塔书房"点亮智慧阅读。走入龙南佳苑,主干道旁明亮醒目的灯塔形象标志引人注目,沿途橙色温暖的设计元素一路导引着居民通往"灯塔书房"。党群服务站一楼放置了电子阅读本自助借阅机,海报栏定期更新活动预告,二楼色彩缤纷的书架摆满了徐汇区图书馆配送的三百多本各类图书,搭配灯塔阅读装置——多维共享书盒、蓝牙耳机、嵌入式多格书柜等,使读者拥有平面、音视频等多种维度的阅读体验。

家门口的自习室

初心汇的工作人员收到租户有关小区内增加自习室的提议时,觉得非常符合青年人的需求,马上把小区里原来的一间茶室改为了自习室。自习室开放后,很快一座难求,预约名额在群里经常被"秒杀"。看到这样的情况,初心汇启用了毗邻自习室的咖啡驿站,将可使用面积扩展到80平方米;使用人数增多,原来的宽带网速不够用,初心汇将自习室的宽带升级;看到大家将厚厚的书籍放在自习室,可能有丢失风险,便安装了摄像头(图5-90)。

成立以来,自习室一直采用住户自治的模式,志愿者在自习室有专门的座位,用户们自行排班轮流管理,包括进行预约、登记、场地维护等工

图5-90 社区自习室

作。"做志愿者既能为大家服务,也能自己在自习室学习、看书。"志愿者晓宾说,自治共享"感觉很幸福"。

  工作日的午休时间,王女士一边喝咖啡,一边在手机上抢到了今晚龙南佳苑自习室的位置,离那儿不远,是她居住的保障性租赁住房小区。在这个自习室,满眼厚厚的大部头专业书、调成静音的手机、埋头学习的同龄人……晚上九点,走进龙南佳苑咖啡驿站,王女士仿佛来到了大学的集中自习室。来到这里的人都会不由自主地被这种气氛所感染,投入紧张的学习中。

总结与展望

1. 更聚焦的住房政策

在严格执行国家保障性租赁住房政策前提下,在统筹已有相关租赁住房政策和房源基础上,上海的保障性租赁住房稳步发展。通过形成政策体系、落实政策目标、完善政策措施等,较好地实现了保障性租赁住房的发展目标,有效地解决了城市新市民和青年人的住房难题。

保障性租赁住房政策全面实施时间虽然不长,但效果明显。

一是居住对象以新市民和青年人为主。从申请人员的户籍结构看,新市民超过9成,其中,非本市户籍申请人占37.3%,新上海户籍申请人占53.7%,二者合计占91.0%。从申请人年龄结构看,35岁以下申请人占比超8成,占82.1%,36~40岁占9.7%,40岁以上申请人不足10%(图6-1)。

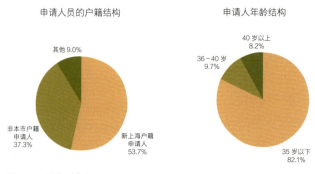

图6-1 居住对象概况

二是租户总体满意度较高。对保障性租赁住房租户进行的满意度调查结果显示，租户总体满意度的平均分为 4.41 分（5 分为最高分），标准差为 0.86，若 3 分以上为满意，则满意度为 96.6%。其中对政策与制度的合理性、项目管理情况、房型与装修、配套设施的满意度也都超过了 90%（表 6-1）。

租户对保障性租赁住房的满意度　　　　　　　　　　　　　　　　表 6-1

选项	1分	2分	3分	4分	5分	满意度
总体评价	1.6%	1.8%	9.6%	27.4%	59.6%	96.6%
政策与制度的合理性	2.9%	3.1%	9.8%	22.9%	61.4%	94.1%
项目管理情况	2.9%	3.8%	10.0%	23.1%	60.2%	93.3%
房型与装修	5.1%	4.1%	19.0%	25.1%	46.7%	90.8%
配套设施	3.3%	5.7%	14.7%	26.1%	50.2%	91.0%

资料来源：上海师范大学房地产与城市发展研究中心。

2．更持续的有效供应

"十四五"前两年，上海保障性租赁住房发展的重点在于加大房源的筹建，后三年为加快落实竣工入市的基础，重点优化供应与需要匹配的管理，以及规范化企业经营管理。经过这一快速发展期后，预计保障性租赁住房增长会进入平稳阶段，形成可持续的发展态势。

展望未来，"十四五"期末，上海将有 60.7 万套保障性租赁住房，可解决超过 100 万新市民、青年人的住房问题（图 6-2）。

图 6-2　60 万套（间）保障性租赁住房建设筹措完成进度

"十四五"以后，保障性租赁住房仍会作为政策支持的租赁住房持续发展，在新建、配建和改建等多个渠道建设的数量仍会增加，长期持续地满足新市民、青年人的住房需求。

保障性租赁住房，特别是新建保障性租赁住房，一旦进入常态化运营期后，现金流就会不断好转，并逐步形成可持续的优质资产。

随着保障性租赁住房 REITs 的不断发展，将会有更多的保障性租赁住房通过发行 REITs 获得资金支持，也将会有更多保障性租赁住房在 REITs 资金的支持下建设并供应。

保障性租赁住房将形成收支平衡可持续的运营模式。主要经营主体的自管与委托管理规模在扩大，经验不断成熟。如城投集团的城宽系列保障性租赁住房在自建、自管一体化基础上，已经形成了不断升级的产品，"我们希望保障性租赁住房政策能更持续，希望将我们在城宽系列产品中积累的经验运用到更多的项目中，建设运营更好的保障性租赁住房"，城投设计师这样说。

3. 更协调的供应体系

保障性租赁住房与其他市场化租赁住房将进一步协调发展，保障性租赁住房起到对市场化租赁住房的引导规范、精准补充等作用；同时在住房保障体系内部，保障性租赁住房会与廉租住房、共有产权保障住房等形成完善的住房保障体系。

上海社会化租赁住房供应量大、范围广，并较多分布在交通便利的成熟社区，对于大多数有支付能力的新市民、青年人来说，他们还是需要通过市场化的租赁住房解决住房困难。因此保障性租赁住房不仅是阶段性增加供应，解决阶段性租赁住房供应不足的问题，更是要在租赁市场供应中起到"引领市场品质，稳定租金价格"的压舱石功能，满足重点保障群体的租赁要求。

在整体住房供应中，保障性租赁住房将对租赁住房市场规范、有序发展起到引导、示范的作用。上海通过扶持和培育保障性租赁住房的发展，力图更好地促进整体住房租赁市场形成健康、可持续的发展模式。

4．更宜居的居住体验

未来，保障性租赁住房将更多满足"小户型、全功能、悦生活"的标准，更好地为青年人提供宜居的居住空间。将会有更多多元的保障性租赁住房供应，通过"一套房、一间房、一张床"满足多层次的居住需求。与此同时，保障性租赁住房将更好地促进职住平衡，市中心、产业园区等周边的保障性租赁住房项目将会持续增加。

新城保障性租赁住房更加可得。2019年，经党中央、国务院批准，中国（上海）自由贸易试验区临港新片区成立，临港新片区非常重视保障性租赁住房的职住平衡和多层次的供应，在高校及科研院所周边、科创园区、产业集聚区、商业商务集聚区增加建设项目的供应。如在未来的金融中心区域增加保障性租赁住房建设项目，在建的05-01项目位于环湖金融湾范围内，重点解决环湖金融湾内金融企业职工职住平衡。总建筑面积11.9万平方米，项目建设高度59.8米，计划供应保障性租赁住房1222套（图6-3）。

中心城区存量资源用于保障性租赁住房。2023年6月28日，黄浦区"苏河美欣公寓"项目正式开工建设。项目坐落于西藏中路728号，苏州河南岸，地理位置优越，距人民广场仅1千米左右。在原来25层美欣办公大楼基础上通过存量改建方式，供应保障性租赁住房约2.8万平方米、230套房源，将进一步缓解中心城区保障性租赁住房紧缺的问题。为延续城市历史风貌，苏河美欣公寓在外立面设计中充分考虑场地历史文脉——"英商自来火房旧址"。公寓外立面的更新改造，对标英国伦敦泰晤士河畔多个同类型城市更新类项目的处理手法，吸纳具有英伦新古典主义建筑风格主要特色的建筑语汇：在建筑立面构图上，设计遵循

图6-3 临港新片区在建项目

古典主义三段式的严谨比例结构，基座、塔身、塔冠形成黄金分割比例；在建筑立面细部中，加入对古典主义风格的重新演绎，融入更多现代性元素，运用砖雕精美的拱券、拱心石、檐口、立面壁柱，以及装饰性红砖砌体空腔覆层系统等新型建筑材料和建造方法，以期在苏州河畔塑造兼具古典美丽和现代活力的标志性建筑（图6-4）。

北外滩核心区的新建保障性租赁住房。虹口区北外滩77街坊项目位于北外滩核心区域内，项目总建筑面积4.88万平方米，可提供331套保障性租赁住房，其中包含35～55平方米户型193套（占58.3%），55～105平方米户型117套（占35.3%）。项目于2021年1月开工，预计2024年可以供应。项目交通便利，临近十号线国际航运中心地铁站，配套设施完善；南面可直接看到东方明珠、陆家嘴、黄浦江、白玉兰广场等多个著名地标。项目主体建筑为两栋高层塔楼，造型设计理念源于"帆船"，通过采用高低组合的形体构成和斜向切削的塔冠，营造了"风帆"的造型意向，象征着北外滩在新的时代浪潮中扬帆起航（图6-5）。

希望未来更多的上海新市民、青年人能享受到保障性租赁住房的政策福利，无论是在新城还是中心区域，都有一个温暖的家，使人生扬帆启航。

图 6-4 苏河美欣公寓改造前后对比

图 6-5 北外滩核心区保障性租赁住房效果图

Summary and Outlook

1. Focused more on housing policy

Under the premise of strictly implementing the national policy on affordable rental housing, and on the basis of coordinating the existing relevant rental housing policies and housing resources, Shanghai's affordable rental housing has developed steadily. Through the formation of policy systems, implementation of policy targets, improvement of policy measures, etc., the development goal of affordable rental housing has been better achieved, and the housing problems of new citizens and young people have been effectively released.

Although the full implementation of the affordable rental housing policy has not been so long, the effect is obvious.

1) The residents are mainly new citizens and young people. From the perspective of the household registration structure of applicants, new citizens are more than 90%, of which 37.3% are non-local household registration applicants, 53.7% are new Shanghai household registration applicants, accounting for 91% of the total. From the perspective of the age structure of applicants, applicants under the age of 35 accounted for 82.1%, 36~40 years old accounted for 9.7%, and applicants over 40 years old accounted

for less than 10%.

2) The overall satisfaction of tenants is high. The results of the satisfaction survey of tenants of affordable rental housing showed that the average overall satisfaction score of tenants was 4.41 points (5 being the highest score), the standard deviation was 0.86, and the satisfaction rate was 96.5% if it was satisfied with more than 3 points. Among them, the satisfaction with the rationality of policies and systems, project management, room types and decorations, and supporting facilities have also exceeded 90%.

2. More sustainable efficient supply

The development of affordable rental housing in Shanghai focuses on increasing the preparation of housing in the first two years of the "14th Five-Year Plan", accelerating the implementation of the foundation for completion and entering the market in the last three years, focusing on optimizing the management of matching supply and demand, and standardizing enterprise operation and management. After this period of rapid development, it is expected that the growth of affordable rental housing will enter a stable stage and form a sustainable development trend.

Looking forward to the future, by the end of the "14th Five-Year Plan" period, Shanghai will have 600000 units of affordable rental housing, which can solve the housing problem of more than 1 million new citizens and young people.

After the "14th Five-Year Plan", affordable rental housing will continue to develop as policy-supported rental housing, and its number of construction in multiple channels such as new construction, allocation and renovation will still increase, so as to meet the housing needs of new citizens and young people for a long time.

Once the affordable rental housing, especially the newly built affordable rental housing, enters the normal operation period, its cash flow will continue to improve, and it will gradually form sustainable high-quality assets.

It should be sustainable operation and business model, with basic balance of income and expenditure. The scale of self-management and entrusted management of major business entities is expanding, and the experience is constantly maturing. For example, Shanghai Urban Investment Corporation's "Chengtou Kuanting" series of affordable rental housing has formed a constantly upgraded product on the basis of self-construction and self-management integration. "We hope that the affordable rental housing policy can be more sustainable, and apply the experience accumulated in our series of products to more projects to build and operate better affordable rental housing." said the Corporation's designer.

3. A more coordinated supply system

The development of affordable rental housing and other market-oriented rental housing will be further coordinated, and affordable rental housing will play a role in guiding, standardizing and accurately supplementing market-oriented rental housing. Meanwhile, within the housing guarantee system, affordable rental housing will form a complete housing guarantee system with low-cost rental housing and co-ownership guaranteed housing.

Shanghai has a large supply and wide range of socialized rental housing, which is mostly distributed in mature communities with convenient transportation. For most new citizens and young people who have the affordability, they have to solve their housing problems through market-oriented rental housing. Therefore, affordable rental housing is not only to increase the supply in stages and solve the problem of insufficient supply of rental housing phased, but also to play the solid function of "leading market quality and stabilizing rental prices" in the supply of the rental market, and meet the rental requirements of key guarantee groups.

In the overall housing supply, affordable rental housing will play a role in guiding and demonstrating the standardized and orderly development of the rental housing market. By supporting and nurturing the development of affordable rental housing, Shanghai strives to better promote the formation of a healthy and sustainable development model for the overall housing rental market.

4. More livable living experience

In the future, affordable rental housing will meet the standards of "small units, full function, and pleasant life" further, and better provide young people with a livable living space. There will be more diversified supply of affordable rental housing, and multi-level living needs will be met through "a suite, a room, a bed". Meanwhile, affordable rental housing will better promote the balance between working and housing, and affordable rental housing projects in the city center, industrial parks and other surrounding areas will continue to increase.

It hopes that in the future, more new citizens and young people in Shanghai can enjoy the policy benefits of affordable rental housing, and whether in the new towns or the central area, they will have a warm home, so that life can set sail.

后记

青年人是城市的希望和未来，新市民是城市发展的重要动力，解决好他们的安居问题，关系到城市的活力和未来发展，也彰显着城市的温度和包容。上海在住房发展中，深化"以居住为主，以普通住房为主，以市民（新市民）、青年人为主"的发展原则，将保障性租赁住房作为解决好大城市住房突出问题的政策之一。通过加快保障性租赁住房供应速度、扩大供应规模、完善供应机制等，努力让上海新市民、青年人享有品质生活、感受城市温度、拥有归属认同，以安居宜居提升城市竞争力和软实力。

这本图书的素材收集整理过程，也是对保障性租赁住房阶段性发展的总结和思考过程。上海保障性租赁住房能在较短的时间内，形成较完善的政策体系和较可持续的发展模式，成为新市民和青年人解决住房问题的有效渠道之一，离不开相关委办局、各区政府、建设和经营单位的重视和全力投入，以及相关政策研究、规划设计等部门的积极参与。同时，作为复杂的住房供应品种，保障性租赁住房仍需要不断完善相关政策，增强供需匹配，提升发展质量。

上海将认真学习贯彻2023年11月习近平总书记考察上海重要讲话精神，把保障性租赁住房作为总书记关心的民心工程、民生实事，谋细谋实上海保障性租赁房"一张床、一间房、一套房"供应体系是上海要落实的重点工作之一。通过租购并举、增存并进、建管并重，切实服务包括新市民、青年人、城市建设者管理者在内的广大人民群众宜居安居，为上海城市高质量发展积极贡献力量。

虽然本书选择了部分较为典型的保障性租赁住房案例，但相对全市已经供应的一千余个项目而言，案例的选取还有明显的局限性，仍有许多更好的案例没有被收录。

  在本书历时近一年的撰写过程中，编写组也得到了各方的大力支持。上海市规划和自然资源管理局陈慷，虹口区北外滩街道办事处林英杰，上海市经济和信息委员会盛骏，上海市房屋管理局龙腾、陈韵、吴凯峰，上海市住房保障事务中心潘颖娇、王俐雯，上海市城市规划设计研究院张敏清等都参与了讨论与资料收集工作。上海地产住房发展有限公司陈为、李颉，上海城投（集团）有限公司马雁，中国建设银行上海分行周冰雁，上海实业城市开发集团张旭，上海领昱公寓管理有限公司陈懿艳，上海建信住房公司王妙妙，上海徐汇惠众公共租赁住房运营有限公司孙剑萍、黄海燕，唐巢（上海）信息科技有限公司陈杰，上海锐诩企业管理有限公司蔡兴华，微领地企业管理集团有限公司郭瑜，上海市闵行公共租赁住房投资运营有限公司沈斌等在资料收集过程中提供了大量支持。上海师范大学洪兰、田新雷、洪琛、胡斯妤、田旻妍，新民晚报社王玉红等参与了现场调研、资料收集整理等工作。英文翻译部分由《上海房地》编辑部周明完成。中国建筑工业出版社的徐冉、焦扬在出版过程提供了专业的支持。同时，还有诸多部门、企事业单位、项目管理运营方的同志提供了大量支持，无法一一列出，在此一并感谢。

编写组

审图号：沪S〔2024〕034号
图书在版编目（CIP）数据

着力解决好新市民、青年人的住房问题：保障性租赁住房卷 = Focusing on Solving the Housing Problems of New Citizens and Young People: The Volume of Affordable Rental Housing / 上海市住房和城乡建设管理委员会，上海市房屋管理局编著. —北京：中国建筑工业出版社，2024.3
（新时代上海"人民城市"建设的探索与实践丛书）
ISBN 978-7-112-29652-1

Ⅰ.①着… Ⅱ.①上…②上… Ⅲ.①城市—保障性住房—研究—上海 Ⅳ.①F299.275.1

中国国家版本馆CIP数据核字（2024）第054069号

责任编辑：焦　扬　徐　冉　刘　丹
责任校对：王　烨

新时代上海"人民城市"建设的探索与实践丛书
着力解决好新市民、青年人的住房问题　保障性租赁住房卷
Focusing on Solving the Housing Problems of New Citizens and Young People
The Volume of Affordable Rental Housing
上海市住房和城乡建设管理委员会
上海市房屋管理局　　　　　　　编著

*

中国建筑工业出版社出版、发行（北京海淀三里河路9号）
各地新华书店、建筑书店经销
北京锋尚制版有限公司制版
北京雅昌艺术印刷有限公司印刷

*

开本：787毫米×960毫米　1/16　印张：23¼　字数：344千字
2024年5月第一版　2024年5月第一次印刷
定价：**178.00**元
ISBN 978-7-112-29652-1
（42668）

版权所有　翻印必究
如有内容及印装质量问题，请联系本社读者服务中心退换
电话：（010）58337283　QQ：2885381756
（地址：北京海淀三里河路9号中国建筑工业出版社604室　邮政编码：100037）